懷念

我的恩師及牧者

張子江校長

（1936～2013）

張子江校長在詮釋聖經上是能手，在釋經學上是我的啟蒙老師及師傅，聽來如流水淙淙。本書除了述及歷史進程外，最長的篇幅就是從聖經看「孩童洗禮」，當我一路很艱澀地詮釋上帝的話語時，就不期然地想起他烙印在我心中的榜樣。

孩童洗禮與家庭牧養

麥張偉芬 著

教會事工系列・家庭事工

孩童洗禮與家庭牧養

作者 麥張偉芬
封面設計及插畫 麥家碧
內文設計及排版 胡敏
出版／發行 基道出版社
香港沙田火炭坳背灣街 26 號富騰工業中心 10 樓 1011 室
電話：(852)2687 0331 傳真：(852)2687 0281
網址：https://www.logos.com.hk
承印 陽光（彩美）印刷有限公司
版次 2/2021 初版

Church Ministry Series・Family Ministry

Infant Baptism and Family Ministry

Author Vivian Mak
Cover Design and Illustration Alice Mak
Layout Design Man Woo
Publisher / Distribution Logos Publishers
Unit 1011, 10/F, Fo Tan Industrial Centre,
26 Au Pui Wan Street, Fo Tan, Shatin, Hong Kong
Tel: (852)2687 0331 Fax: (852)2687 0281
Website: https://www.logos.com.hk
Printer Sunshine (Caimei) Printing Company
Edition 1st 2/2021
ISBN 978-962-457-616-0
Cat No. LP387

目錄

上篇 給「孩童寄洗班」家長的 4 堂課

下篇　「孩童洗禮」15 問

06 「孩童洗禮」的聖經基礎

目錄

袁序

家長們常被一些問題困擾：我的孩童應否洗禮？用何種禮儀？該上甚麼課程？但聖經對此沒有明確指引？為甚麼？

麥師母累積二十多年兒童工作經驗，深受兒童愛戴。她是兒童們的屬靈母親，帶領他／她們跟隨主。師母探討上述課題，簡潔詮釋如何讓兒童進入神恩典之約中。

這是一本家長們"Must"閱讀的書。

中華基督教會灣仔堂

袁植錦執事

二〇二〇年五月

周序

「兒女是耶和華所賜的產業；所懷的胎是他所給的賞賜。」（詩一二七3）為孩童洗禮正好印證上帝的恩約臨到他們生命中。家長既承受上帝這寶貴產業，就當存心感恩和敬畏，以聖言教導他們，「使他走當行的道，就是到老他也不偏離。」（箴二十二6）孩子在家庭的牧養是十分重要的。《孩童洗禮與家庭牧養》是每個家庭必不可少的恩物，也是教會同工牧養家長的實用參考書籍。

作者麥師母是筆者教會的牧者，我們認識並一起事奉多年。我倆家庭的孩子年齡相若，能跟師母同行這孩童牧養路，是我的福氣。在教會中，麥師母是眾孩子的屬靈母親，也是眾家長的好榜樣和良師益友。過去二十多年來，師母累積不少兒童及親職牧養經驗；其中更設計「孩童寄洗班」家長課程，不單讓家長明白孩童洗禮的意義，更引導家長悉心關顧孩童生命的成長，實踐持續的家庭牧養：

建立生命、建立家庭、建立教會。

「孩童洗禮」這課題看似簡單，但也曾在基督教歷史中，引起不少爭論。作者以淺白易明多角度手法探究討論，以聖經為基礎定性「孩童洗禮」的意義，又將昔日之歷史進程爭論簡述，也表列現今各宗派對這課題的信念和實踐，增加讀者的見識。

「孩童寄洗班」課程的四堂課是本書的亮點，是作者多年牧養及教授的心得精華，其中包括在家庭牧養上，很多富意義及可行的好建議。筆者樂意推介給各堂會參考使用。

最後，感謝我尊敬的麥師母。她退休後以撰寫此書為「優先」事奉選項，讓主內肢體獲益良多。願上帝祝福寫作、閱讀並實踐的人。

在此，更恭賀麥師母榮升祖母，深信當她見證孫女受洗那刻，必倍感興奮，因為上帝守約施慈愛，祂恩約臨到她與她的後代。榮歸上帝！

中華基督教會灣仔堂

周李蘇妹執事

二〇二〇年五月

作者序

想不到負責講授中華基督教會灣仔堂「孩童寄洗班」課程已超過二十年時光，感恩在其中得到很多學習的「淘金」機會。雖然我綿力薄材，但是為著來上課之父母之好處著想，嘗試努力蒐集、思考、整理材料之概念和思維，加上少許創意，盼望這些父母能把「孩童洗禮」一事看得更為寶貴，重視自己的孩童在屬靈上的成長，並陪伴他們踏上這充滿盼望的恩典之路。

本書並不是採用神學研究之進路，皆因本人未能博覽羣書及聖經，思維及書寫又不輕鬆，不能豁達及寫盡主題。父母帶著信心來上課，在有限時間裏，要融會貫通很多神學、歷史及聖經的爭論，實屬不必要；因此，本人講解，只能避重就輕，把重點放在領洗之原因、聖經的心意，以及家庭牧養之重要性。其實，「孩童洗禮」箇中的發展及教會對孩童信仰的維持，尤其是「寄洗」之意——

真佩服前人的洞悉，是非常的刻骨銘心——因沒有史料去考究，本人嘗試大膽推敲前因後理，找出父母、孩童與施洗教會之三角關係；如是這般，奧祕中尋真緒，我怎能不書寫出來？副此素志，就是供父母簡單閱讀，增強其對孩童已領洗或等待領洗行為之士氣之道，不是「矇查查」的順應別人的催迫。對於屬會不設「孩童洗禮」之眾信徒，也可以從中知道先賢反對之因由，而接受另一禮儀（孩童奉獻禮）之替代，也是一個可行之信心行動。

本書主題及內文採用「孩童洗禮」之字句，「孩」其實是指「嬰孩」，「童」是指「兒童」，不用「嬰孩」之字句，主要是避免狹窄地指向「嬰兒洗禮」。唯兒童達到一定歲數——例如本人所屬之中華基督教會，不同堂會有不同的規定，而按此宗派之《聖職人員及聖禮公儀（2011）》，必須最少年滿十四歲——可接受堅信禮以表白其信仰，至此不需用上孩童或少年堅信禮等劃分。

基於有友好教會牧者詢問有關「孩童寄洗班」課程，對於我來說，不是困擾之難題，更不是甚麼個人版權問題，自然地玉汝於成，以此為樂。今遇上時機付梓，經整理安頓，註明出處，公諸同好，信徒得造就，自是感恩。

二○一九年八月已染翰成章，惜歷「反修例風波」臨港及「新冠狀病毒肺炎」肆虐全球，人心惶惶，甚是扎心，每天禱告及查看新聞，未能專心寫作，甚是艱難，因為實在真的「提不起放不下，算不到做不完，看不破撇不開。」……感恩上帝的呼召，迎難而上，最終於二○二○年四月尾擱筆。

感謝恩主，誠蒙中華基督教會灣仔堂袁植錦執事及周李蘇妹執事撰寫序言，隆情厚誼，銘感五內，謹此謝意。他們年輕時，已投身教會及福音機構服事眾弟兄姊妹，並且在學校教育擔當重要角色，奉獻生命作育英才，實為佳話；今誠邀他倆推薦閱讀及傳承此書，對我來說，也有賦活肌膚之感。大家知道：跟著蜜蜂會找到花朵，跟著蒼蠅會找到垃圾；誰知跟著麥家碧姊妹會找到童真、認真和真誠！感謝她為此書設計封面和封底；她提出一條件，才作此事，就是讓她閱畢此書，再來腦部星球大戰，至為穩妥。爽、爽、爽。

感謝基道出版社同工 Hyphen 和 Rebecca，承接及擔任本書編輯工作，他們做的原來比眼見的還要多，做的比期望的還要仔細，做的比協調的更精確一點，確是晦迹韜光的人。

最後鳴謝我家成立「付梓審裁處」，由外子麥漢勳牧師擔任唯一的審裁官，我是「申索人」。在過去寫作歷程中，要領悟及貫穿繁複的神學思維，實屬不易，加上這本書是否值得付梓，外子成為我的「法官閣下」，最終由他來判決；感恩的是，一切順利，沒有訴訟。

麥張偉芬

二〇二〇年五月

給「孩童寄洗班」家長的 4 堂課

「孩童寄洗班」課程引言

筆者負責講授教會之「孩童寄洗班」課程已有二十多年，深深覺得家庭牧養事奉是父母的一個長期征戰，不能只靠一時之衝動，隨後就少理，所以從牧養角度來看，第一課除了讓父母窮源竟委，明白「孩童洗禮」之意義外，亦希望教導父母如何有方向性地引導孩童建立穩固的屬靈生命。如何向子女傳遞上帝的話語是孩童屬靈成長的關鍵，第二課會談到父母在當中的角色和教導的方法。除了讓祂的話介入我們的生命，領導子女靈性與品格一同成長也非常重要。靈性與品格的影響乃一生之久，這就好像在私家車中放置「後備」車胎一樣，將來孩子若遇上困難，亦能臨危不亂。此外，雖然在牧養中不斷會有掙扎，但是愉快的掙扎會換來釋百慮而忘千憂的大好前景，這是第三課。筆者很想讓父母知道，有時我們對子女講的勉勵說話實在太少，鞭策的說話常常衝口而出，但是期許的話卻常

藏在心裏。為甚麼在上帝裏的盼望也如此微弱呢？這是我們的死穴。不如藉著洗禮的機會，把屬靈的心底話兒，痛痛快快的寫成祝福禱文，仰望上帝恩典；這種愛的關切，勝過任何物質的禮物。教會可協助將這禱文裝裱起來，作為禮物，讓受洗的家庭放在家中當眼處，甚至在洗禮前，可以找機會在課堂小組中分享禱文；將來亦可以每年在子女生日時，於他們面前再朗讀一次，語重心長，聽者感動。愛莫望報，只求上帝祝福他們的一生，這是第四課。

此洗禮班為父母而設，亦歡迎祖父母輩出席，小孩可於最後一課之下截時間出席，讓父母在眾人面前實踐，祝福自己的兒女。為了讓牧者與各父母在課堂中能有互動環節，有充足的時間傾談，以上每一課需時約一小時三十分鐘，若只能安排每堂一小時，則建議將課程擴展到五至六堂課。

01

第一堂
「孩童洗禮」之意義

I. 彼此交流

為甚麼我的家庭會讓下一代參加「孩童洗禮」？

II. 歷史源流

初期教會從使徒那裏承傳洗禮的傳統，不但為成人施洗，甚至也為嬰孩施洗，這是神聖的聖禮，是公平的，因為每個人與生俱來的罪株，必須被水和聖靈沖走，這也是上帝的憐憫和恩典，沒有人應被剝奪受洗的權利。在整個基督教歷史中，只有極少數人反對「孩童洗禮」。在基督之後的首兩個世紀，「孩童洗禮」在教會中沒有惹起爭議。第一次有記錄的反對，是來自三世紀的特土良，他認為孩童要達到思想成熟的年齡，即是當他們知道基督是誰的時候，才應該受洗。從大約四世紀開始，「孩童洗禮」在教堂裏也很普及。

「孩童洗禮」再起爭論，是由新教改革之後開始的，那時有不少人——特別是「重洗派」信徒——為此殉難。而其他宗派如信義宗、長老宗、公理宗，以及源自

安立甘教會（聖公宗）之循道宗，均一直保留「孩童洗禮」這種教會傳統。十六世紀之宗教改革，在信仰上直追初期教會之面貌與精神，而「孩童洗禮」這種傳統，卻從未成為當時宗教改革者（馬丁・路德、加爾文等）爭論之焦點。

筆者牧養之灣仔堂是中華基督教會香港區會所屬之堂會，其信仰傳統多數源自長老宗或公理宗之教會，故其「孩童洗禮」之傳統，可以追溯到初期教會（公元二世紀）的時代。「孩童洗禮」之傳統由初期教會至現在，從未間斷。

至今二十一世紀，「孩童洗禮」的爭論將繼續在神學家和教會之間齜牙咧嘴，誰能掌握真理呢？上帝始終沒有背棄祂立約的選民，子民之信心後裔也被眷顧，經受歷史考驗，「孩童洗禮」自有其存在必要，支持者雖艱難困苦，玉汝於成，至詞窮理極，然卻是上帝的見證人。

有關更多歷史細節，可參閱本書第七章（頁131～180）。

III. 孩童為何要領洗？

「割禮」與「孩童洗禮」是成為聖約子民之記號

創十七 9～14	家庭與上帝立約的記號。
徒二 38、39	初期教會的命令。
徒十六 15、33、34	初期教會的家庭例子。
林前十 2	上帝子民過紅海後，各年紀的人都受洗。

孩童也可信靠耶穌

耶穌曾說：「信而受洗的，必然得救；不信的，必被定罪。」（可十六 16）小孩子年紀小，甚或只是嬰孩，未必能清楚表達信心和明白救恩是甚麼，這是大家也理解的，不過，孩童和成年人一樣，都是罪人。聖經說：「人從小時心裏懷著惡念」（創八 21），又說：「我是在罪孽裏生的，在我母親懷胎的時候就有了罪。」（詩五十一 5）孩童也需要上帝的赦免，才能得救。既然救恩是恩典，成人可以用信心來回應，孩童是否也可用其他方式來得到這份恩典？例如可以由父母為他們作出決定，是否願意以「孩童洗禮」與上帝立約，讓兒女也成為祂的子民。

孩童信靠父母，因為孩童感受到父母對他們的關懷，所以也跟從父母參加教會聚會，漸漸地建立信心，但這種信心並沒有知識作基礎；待孩童長大後，有了聖經知識作基礎，亦能自己親身經歷上帝、主耶穌及聖靈的帶領，這樣，他們的信心就成為有意識的信心了。

成人不應也不可能信靠一些不認識的事物，但是孩童卻能夠無意識地，也無需知識，就信靠耶穌，而且也不會被其他知識干擾或破壞他這無意識的信心。耶穌要求我們把小孩子領到祂面前（可十 14），就是希望讓小孩子得到屬天的祝福，成為祂的子民，而給孩童施行洗禮也正是為此緣故。孩童領洗後，耶穌就把信心放在他們心中，像把信心放在成年人心中一樣。

孩童領洗後，父母就要教導他們，引導他們的信心進入有意識和有理念的層面；那麼，孩童長大後就會在有意識的信心下，領受「堅信禮」（Confirmation）。若領過洗的孩童長大後，離開上帝，祂會因著與這孩子有聖約子民之關係，藉著很多生活中的契機，給他回轉的機會；若他至終選擇背棄上帝，情況便與其他受過成人洗禮而背棄恩典的人沒有多大分別。

IV. 一次領洗已足夠

若然孩童接受過洗禮後離開主，將來悔改，還需要再次受洗嗎？答案是不需要的，因為一次領洗已經足夠。詳細解答，請參閱本書第八章第十二問(頁187～189)。

V. 洗禮的形式與效能

「孩童洗禮」可以用哪種形式施洗？洗禮與得救有沒有直接關係？詳細解答，請參閱本書第八章第十三及十四問(頁190～198)。

VI. 何謂「寄洗」？

「孩童洗禮」為何又叫作「孩童寄洗禮」？「寄洗」

是甚麼意思？詳細解答，請參閱本書第八章第十一問(頁182～186)。

VII. 父母親的責任

孩童在受洗時領受的信心，要繼續發展成為有意識的信心，就需要上帝話語的餵養。因此父母應該在孩童領洗時作出以下承諾：(註 1)

1. 常常為孩童禱告。
2. 將上帝的話語教導孩童，首先向他們講述耶穌的故事。
3. 無論在家或在教會，訓練孩童禱告；讓孩童參與敬拜耶穌。
4. 訓練孩童過基督徒生活。
5. 孩童成長的過程中，父母要與他分享基督的愛，也要以身作則，活出基督的信德和愛心，讓孩童能夠明白其中的真義。要記住身教重於言教。

受洗後，你的孩童需要屬靈的糧食，才能長大成為上帝的兒女。即使未懂人事，讓孩童參與晚禱也是好的。孩童雖

然未能明白禱文，但他們能夠感受禱告的氣氛。兒童聖詩也會有一定的作用。稍大的時候可以用福音書中的故事，幫助他們認識耶穌。他們應首先認識到耶穌是一位良善仁愛的主，要知道主愛他們而且常與他們同在。一本有圖畫的兒童聖經就是一份最有用的教材，因為視覺感受對孩童是十分重要的。

你也要讓你的孩童知道他們已受洗的事實。當別的孩童領受洗禮，你可趁著這個機會告訴他們，並形容一下他們受洗時的情景。稍大的時候就要向他們解釋洗禮的意義。

VIII.「孩童洗禮」——教會及家長守則(註2)

1. 接受「孩童洗禮」者的家長(監護人)，其中一方須為本堂會友，並且在可能情況下，鼓勵家長夫婦一同參加「孩童寄洗班」課程。
2. 若家長(監護人)上次參加「孩童寄洗班」課程距今已有三年者，須再次參加課程。
3. 凡願意帶子女至教會接受此項聖禮之家長，必須首先認識「孩童洗禮」之觀念及其象徵意義，並願意鼓勵其子女接受教會提供之宗教教育。

4. 在施行此項聖禮之後，教會必須繼續關心牧養接受「孩童洗禮」者之家庭，並日後須負起信仰培育之責任。
5. 凡已接受「孩童洗禮」者，須先接受「堅信禮」，方可領受聖餐，正式成為本堂基本教友。

IX. 應用／思考問題

1. 如果配偶對接受「孩童洗禮」存疑，你會如何說服他／她？
2. 你如何向下一代解釋「孩童洗禮」之意義？
3. 孩童參加洗禮後，父母可以怎樣幫助孩子靈命成長？

註釋

1. 修訂自呂安昭：《嬰孩洗禮——蒙福的開端》，楊少峰譯（香港：道聲，1990），頁 14。
2. 參自中華基督教會灣仔堂現行守則。

02

第二堂
孩童成長與上帝的道

I. 信念

1. 二十一世紀的孩子，要學習經歷上帝、認識上帝（上帝的道）及事奉上帝。
2. 把上帝的道融入生活。
3. 上帝的道能為孩子們提供「分別為聖」或「循規蹈矩」的生活途徑。
4. 上帝的道能幫助孩子在童年的信仰根基上，建立穩固的神學觀。

II. 個人成長時期分界

年齡	發展期	父母角色
0至2歲	嬰兒期	情緒老師 （需要多一點生理上的供應）
2至6歲	童年早期	玩伴 （需要多一點生活情趣）

年齡	發展期	父母角色
6至13歲	童年後期	教練（需要多一點對話）
13至21歲	青少年期	朋友（需要多一點尊重）
21至30歲	青年期	
30至60歲	成年期	
60歲或以上	老年期	

關於成長時期的兒童部分（2至13歲），我們可以特別留意兩點：一、若要「教練」角色發揮到最佳效果，就要在「情緒老師」及「玩伴」兩個角色上做得好，因為關係的親疏與父母的角色是互相緊扣的。二、「童年後期」是傳遞上帝話語之最佳良機，因為在此時期，小孩會在不知不覺中確立自己的人生觀與個人價值觀，甚至建立道德判斷力。

III. 兒童靈命概況及回應

年歲	靈性 （因為孩童是這樣的……）	回應 （所以父母要如此作……）
2至6歲	1. 透過認識聖經事迹，他有渴慕上帝的心。	1. 多用繪本說聖經事迹，因為顏色能悅人眼目，並能增加記憶。
	2. 他了解屬靈之事的能力有限。	2. 解說的時候，盡量不超出他所能理解的限度。
	3. 他很容易受到基督教的薰陶，因為以單純的心接受教導。	3. 樹立良好的榜樣。
	4. 他會以為上帝如人一般。	4. 鼓勵他與上帝有個人的交往。
	5. 他對上帝和人的信心都是簡單和純潔的。	5. 作事要配得他的信任。教導他：上帝有時也會說「不」的。
	6. 他開始能分辨是非，因為認識上帝的屬性。	6. 使他知道作不對的事，是上帝不喜悅的。
	7. 他詢問關於死亡的事，因為這是神祕的事。	7. 要簡單的回答。
	8. 他能經驗真正及團體的崇拜：禮序中的各項目能協助他凝聚心靈。（参本書第五章附錄I〔頁58～61〕。）	8. 協助他經常出席團體崇拜，並留心欣賞他自發參與崇拜的行動。

6至13歲	1. 他對禱告有信心。	1. 寫下及追蹤上帝已回答的事情。
	2. 他也許已預備了接受基督之心。	2. 隨時作好準備，在適當時機跟他用金句決志。
	3. 他對於死亡與天堂有好奇心。	3. 要回答他所發出的這些問題。
	4. 他要作好孩子，這與上帝屬性有關。	4. 與他一起勤讀聖經，並教他遵行上帝的話。
	5. 他能認識罪就是罪。	5. 教導他，讓他知道基督救他脫離罪。
	6. 他會發問關於基督教的問題。	6. 要誠實回答，盡量幫助他在聖經中找答案。
	7. 他為自己定下高的標準，例如崇拜勿遲到。	7. 在我們自己生活中也要有較高標準。
	8. 他需要人鼓勵他讀聖經（靈修）。	8. 在讀經（靈修）上給他各種幫助。

IV. 用聖經金句協助孩童「如何」及明白「為何」決志信耶穌

1. 請先閱讀本書第五章附錄 II（頁 62 ~ 68）。
2. 與兒童決志信耶穌前，要與他同讀以下經節：

> 因為世人都犯了罪，虧缺了上帝的榮耀……（羅三 23）

> 9 你若口裏認耶穌為主，心裏信上帝叫他從死裏復
> 活，就必得救。10 因為，人心裏相信就可以稱義，
> 口裏承認就可以得救。（羅十 9 ~ 10）

> 凡接待他的，就是信他名的人，他就賜他們權柄作上帝的兒女。（約一 12）

3. 鼓勵父母自己造三張金句書籤給決志之兒女，並寫上日期，作為證據，表明他已是上帝的兒女。

V. 開設「家庭祭壇」讓父母真情傳遞上帝話語給孩童

請閱讀本書第五章附錄 III（頁 69 ~ 75）。

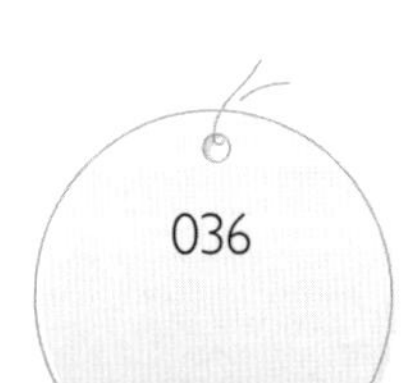

祭司：父或母皆可。有此意念時，父母先祈禱商量，隨著開家庭會議，讓其他家人有心理準備。不過，父母必須有一顆願意服從上帝話語的心，才能把兒女的屬靈生命與天父連結在一起，這是一個召命。若你來自單親家庭，或配偶已離開主，甚至是未信的（例如可能婚後一方先信主），你也可以成為祭司，主領「家庭祭壇」，與兒女一同經歷敬拜上帝的喜悅。

時間：最好在固定時間舉行。當二人結為夫婦，組成家庭時，就開始實踐。孩子還在哺乳時，就開始吧。次數是沒有規範的，最要緊的是有恒心。建議每星期一次，甚或天天舉行。生日、結婚週年、得獎日，或是記念節期，如農曆新年、中秋節……都是隨時舉行「家庭祭壇」的好機會。小孩年紀愈小，所需時間就愈短。

地點：建議在家中有固定位置舉行「家庭祭壇」。切忌在牀上或已擺滿飯菜之餐桌前舉行。偶然一家大小到郊外野餐或外地旅行，也可就地舉行「家庭祭壇」。

形式：沒有甚麼必須遵守的固定形式，每個家庭的風格可能也會不同。一般都是讀經（或講述聖經事迹／恩喻故事／見證一則）、分享及祈禱。雖然不一定每次都要解讀聖經，但是盡量不要連續多次跳過解讀聖經靈糧的部分。此外，為了吸引年紀小的家人，要盡量活潑生動地去表達屬靈教導，那家長就要在聽覺、感覺、視覺、觸覺及行動上，多花心思了。

內容：可以是有關委身（燔祭）、感恩（素祭）、分享（平安祭）、認罪（贖罪祭）和復和（贖愆祭），甚或其他主題，如喜樂、應許、忍耐……更可講述耶穌之神蹟奇事、聖經偉大篇章、新舊約之人物事迹、恩喻故事、宣教士見證、時事、聖經遊戲等。鼓勵父母可逛逛基督教書室找材料和靈感。此外，在祈禱時段，鼓勵孩童先行祈禱，並且每位家庭成員都開聲禱告，最後由父或母作結束。要注意的是：「家庭祭壇」不是處理家事時間、不是教會會議時間、不是評論大會時間。

「家庭祭壇」是父母留給下一代的最佳屬靈遺產，因為我們可以把自己的孩子漸漸地舉薦給上帝，容讓上帝在後裔中繼續建造靈宮。若讀者有興趣多了解這份屬靈遺產，可參考本人所著《家庭祭壇——聖壇搬到家中．實戰完全手冊（增訂版）》（香港：更新資源，2019）一書，內中尤以「預備篇」及「行動篇」提供了一些方法，教導孩童如何應用上帝的話。

VI. 應用／思考問題

1. 試想想父母帶領子女決志信主的好處。你樂意這樣做嗎？會有困難嗎？
2. 父母在子女領洗前後日子，會否認真積極計劃舉行「家庭祭壇」，在家中向下一代傳遞上帝的話語和見證？
3. 你們夫婦在屬靈教養下一代的事情上，有哪些共同的信念？

03

第三堂（註 1）
如何建立孩童的靈性和品德？

I. 靈性培育的基礎

1. 認定上帝、聖經與父母的權威。
2. 培育管教的基礎源自「愛」。
3. 「教養孩童，使他走當行的道，就是到老他也不偏離。」（箴二十二6）

II. 品德培育的重點

1. 良好的靈性培育基礎會帶來品德培育的操練。
2. 品德培育操練的第一個目標，是幫助孩子發展**愛**的能力。
3. 品德培育的標準，應該回到聖經中去尋找。因為上帝那無限的智慧，知道我們需要甚麼指標。這些指標不是反覆無常或偏向一方的。
4. 孩子需要真愛的榜樣。
5. 孩子有不良行為，我們通常需要先以討論作為管教方法，而非立刻行使父母的權力。
6. 讓孩子留心自己的行為對於別人所帶來的不良影響。

7. 邁向品德成熟的重要因素是**尊重權威**。若是沒有這種尊重，教會／家庭／社會將會亂成一團。聖經清楚地教導我們應當順服上帝、聽從父母和順服罰惡賞善的君王和臣宰（雅四 7；弗六 1；彼前二 13 ～ 17）。
8. 孩子逐漸成熟時，要鼓勵他們負起更多的責任。我們可以容許他們在衣著、朋友和活動方面（包括教會生活），有自己更多的選擇。當他們在成長中要面對軟弱、挫折或迷惘時，我們的角色逐漸改變，從情緒老師、玩伴、教練、保護者到引導者、朋友。到他們青年期之末，我們應以作榜樣和朋友為主。

III. 品格與性格

1. 有責任感、懂得尊重、懂得愛與被愛、誠實正直、自信、有勇氣、堅毅、自律、積極、樂觀、有理想、上進。
2. 溫柔、謙和、忍耐、隨和、幽默、活潑、主動、富冒險精神。

IV. 靈性與品德的培育方法

1. 提供良好的成長環境(例:栽種植物、孟母三遷)
   a. 家居:安全、探索、私密、分享。
   b. 心理:愛、接納、正面、積極。
   c. 人際:多與人接觸、開放家庭、教會生活、選擇朋輩。
   d. 屬靈:飯桌、睡前、家庭時間、主日。

2. 建立良好的習慣
   a. 生活習慣:飲食、作息、運動、閱讀、興趣。
   b. 屬靈習慣:祈禱、讀經、聚會、奉獻。

3. 培育多元化的能力
   a. 思考、組織力、解決問題能力、創造力、想像力、情緒管理、表達、溝通、與人相處的能力、生活技能。
   b. 增強自信,為他人提供幫助。

4. 提供適切的生活經驗,解構當中的意義
   例:旅行、參加比賽、社區/教會聚會、活動、參觀、探訪。

5. 建立正面美好的回憶（心靈資源）
   a. 嶄新、獨特、愉快、溫馨、面對挑戰、克服困難、良好的行為。
   b. 禱告蒙應允的經歷、經驗上帝的美善、家庭傳統。
   c. 記錄：照片、影片、文字。
   d. 為經驗註釋及命名（時、地、人、動、歎）。
   e. 適當場合裏回顧及重溫。

6. 父母的見證、經驗的分享
   a. 態度、行為的影響力遠超乎言語（walk your talk）。
   b. 一致性（coherence）、一貫性（consistency）。

V. 彼此交流

分享自己建立的家庭之喜與憂。

VI. 結語——依靠上帝的引導

1. 多觀察、多了解、因材施教、因時制宜。
2. 倚靠上帝——將兒女交託仰望在主手中。

兒女是耶和華所賜的產業；所懷的胎是他所給的賞賜。(詩一二七 3)

3. 將壓力、焦慮、歉疚轉化為動力、創意和釋然。

VII. 應用／思考問題

1. 在你的家庭推行品德教育，有甚麼難處？
2. 父母的愛是美好的，但孩子還需是要親情以外的友情，你如何努力讓他們在教會中建立屬靈友誼？
3. 父母要多發現下一代身上的閃光點，才能鼓勵或提升孩子的自信心和自尊感，在生活中，你對他們是批評多一點，抑或欣賞多一點？

註釋

1. 本堂的課題及內容大綱，由伍煥良醫生撰寫，他多年前與作者是合作伙伴，一同在教會講授「孩童寄洗班」課程。

04

第四堂
在家中為下一代「祝福」

I. 聖經基礎

1. 父親祝福兒子生活康泰（創二十七 26 ~ 29）

[26] 他父親以撒對他說：「我兒，你上前來與我親
嘴。」[27] 他就上前與父親親嘴。他父親一聞他衣服
上的香氣，就給他祝福，說：我兒的香氣如同耶和
華賜福之田地的香氣一樣。[28] 願上帝賜你天上的甘
露，地上的肥土，並許多五穀新酒。[29] 願多民事奉
你，多國跪拜你。願你作你弟兄的主；你母親的兒
子向你跪拜。凡咒詛你的，願他受咒詛；為你祝福
的，願他蒙福。

2. 雅各為孫兒以法蓮和瑪拿西祝福（創四十八 9 ~ 10）

[9] 約瑟對他父親說：「這是上帝在這裏賜給我的兒
子。」以色列說：「請你領他們到我跟前，我要給
他們祝福。」[10] 以色列年紀老邁，眼睛昏花，不能
看見。約瑟領他們到他跟前，他就和他們親嘴，抱
著他們。

3. 耶穌以長輩身分為晚輩祝福(可十 13 ～ 16)

> 13 有人帶著小孩子來見耶穌，要耶穌摸他們，門徒
> 便責備那些人。14 耶穌看見就惱怒，對門徒說：「讓
> 小孩子到我這裏來，不要禁止他們；因為在上帝國
> 的，正是這樣的人。15 我實在告訴你們，凡要承受
> 上帝國的，若不像小孩子，斷不能進去。」16 於是
> 抱著小孩子，給他們按手，為他們祝福。

II. 基本要素(註 1)

1. 有表達關懷的身體接觸。
2. 有言語的表達。
3. 祝福語能肯定對方的價值和重要性。
4. 祝福內容是期待下一代有一個美好的未來。
5. 祝福者積極地投入雙方的互動生活中，以促成祝福的實現。

III. 祝福語例

1. 創世記二十七章 26 至 29 節(經文參左頁)

2. 民數記六章 24 至 26 節

> 24 願耶和華賜福給你，保護你。25 願耶和華使他的臉光照你，賜恩給你。26 願耶和華向你仰臉，賜你平安。

3. 哥林多後書十三章 11 及 14 節

> 11……願弟兄們都喜樂。要作完全人；要受安慰；要同心合意；要彼此和睦。如此，仁愛和平的上帝必常與你們同在。…… 14 願主耶穌基督的恩惠、上帝的慈愛、聖靈的感動常與你們眾人同在！

4. 帖撒羅尼迦後書二章 16 至 17 節

> 16 但願我們主耶穌基督和那愛我們、開恩將永遠的安慰並美好的盼望賜給我們的父上帝，17 安慰你們的心，並且在一切善行善言上堅固你們。

IV. 父母為洗禮／寄洗孩童祝福的禱文範例

讀者可在以下圖案「★★」、「☺☺」、「❋❋」填上兒女名字。

1. 願天父賜★★能健康、快樂及無憂無慮地成長。
願天父與★★同行，掌管他的明天。求天父給他信心，牽著他的手同走每一步。
願天父賜★★悟性，使他能透過音樂天天頌讚敬拜祢。
願天父使★★如同他的名字一樣，成為被祢使用的貴重器皿。
願天父教導我們能愛主更深。

父親姓名、母親姓名為摯愛兒子★★祝福的禱文

2. 感謝天父！賜 ☺☺ 與我們一家，與我們一起成長，一起學習過充滿聖靈話語的生活。祈求主耶穌幫助他領受祢的話語，並把祢的話語，刻於心裏。願 ☺☺ 專心仰賴耶和華，不倚靠自己的聰明；信靠耶穌，耐心學習聖經的真理；願 ☺☺ 的生命完全由上帝掌權，求祢引導他走義路，遠離惡事，活出更像基督的品格。願天父賜福給 ☺☺，保護他，並賜他平安。阿們！

父親姓名、母親姓名為摯愛兒子 ☺☺ 祝福的禱文

3. 願主祝福 ✱✱ 能在這世代，靈巧像蛇，純良像鴿子，活出基督信仰。

願主祝福 ☺☺ 能將主的價值觀呈現於人前，在這世代作上帝無瑕疵的女兒。

願主帶領父親姓名及母親姓名教養孩子，作好管家，好好管理天父交託的產業。

願主使用我們一家能成為別人的祝福，叫人都能在其中看見耶穌。阿們！

父親姓名、母親姓名為摯愛女兒 ✱✱、☺☺ 祝福的禱文

V. 結語

祝福之所以重要，是因為祝福有另一屬靈意義，就是它顯示了上帝至高無上的揀選。筆者很希望這個祝福可以代代相傳，也很希望這屬靈關係，能成為家庭傳統，讓下一代感受到父母對他們的接納、愛和肯定是無條件的，就像上帝愛世上的罪人一樣。祝福所帶來的溫暖和安全感是今天每一個孩子所渴望得到的，也是每一段健康和諧關係的基石。

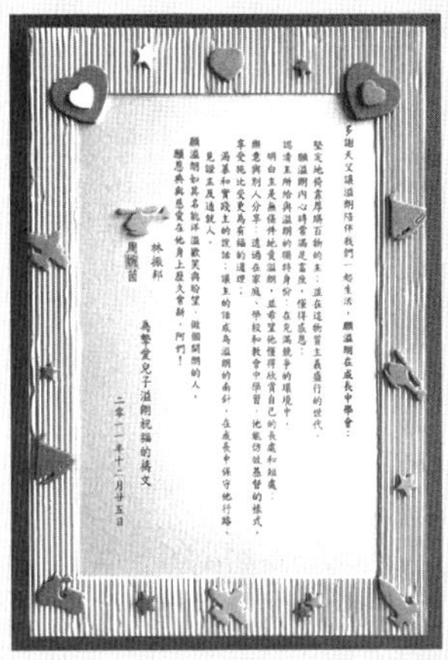

多謝天父讓溢朗陪伴我們一起生活，願溢朗在成長中學會：
堅定地倚靠厚賜百物的主，並在這物質主義盛行的世代，
願溢朗內心時常滿足富足，懂得感恩；
認清主所給與溢朗的獨特身份：在充滿競爭的環境中，
明白主是無條件地愛溢朗，並希望他懂得欣賞自己的長處和短處，
樂意與別人分享；透過在家庭、學校和教會中學習，他能仿效基督的樣式，
享受施比受更為有福的道理；
渴慕和實踐主的說話：讓主的話成為溢朗的南針，在成長中保守他行路，
見證主及造就人。
願溢朗如其名能洋溢歡笑與盼望，做個開朗的人，
願恩典與慈愛在他身上歷久常新，阿們！

林振邦
周婉茵
為摯愛兒子溢朗祝福的禱文
二零一一年十二月廿五日

感謝天父賜睿謙與我們一家，與我們一起成長，一起經歷豐盛生命。
祈求主的愛充滿睿謙，願祂毫不保留地分享十字架的愛，一生愛主愛人。
祈求主的智慧充滿睿謙，願祂不效法世界，靠着主心意更新而變化，並持守真理，一生行在光明中。
祈求主謙卑的靈充滿睿謙，讓祂不看自己過於所當看的，又按著主所賜的信心殷勤事奉主。
願敬拜、頌讚的靈賜予睿謙，願祂常以感恩讚美為祭，發揮天父的名，阿們。

何萬邦
林美姿
為摯愛兒子睿謙祝福的禱文
二零一一年十二月廿五日

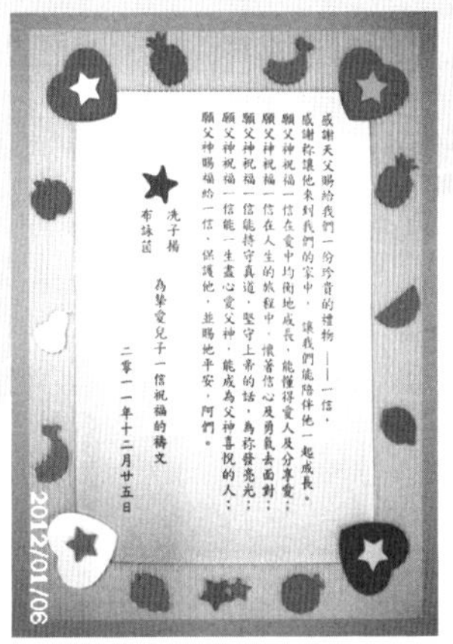

感謝天父賜給我們一份珍貴的禮物——一信。
感謝祢讓他來到我們的家中，讓我們能陪伴他一起成長。
願父神祝福一信在愛中均衡地成長，能懂得愛人及分享愛；
願父神祝福一信在人生的旅程中，懷著信心及勇氣去面對；
願父神祝福一信能持守真道，堅守上帝的話，為祢發亮光；
願父神祝福一信能一生盡心愛父神，能成為父神喜悅的人；
願父神賜福給一信，保護他，並賜他平安，阿們。

冼子楊
布詠茵
為摯愛兒子一信祝福的禱文
二零一一年十二月廿五日

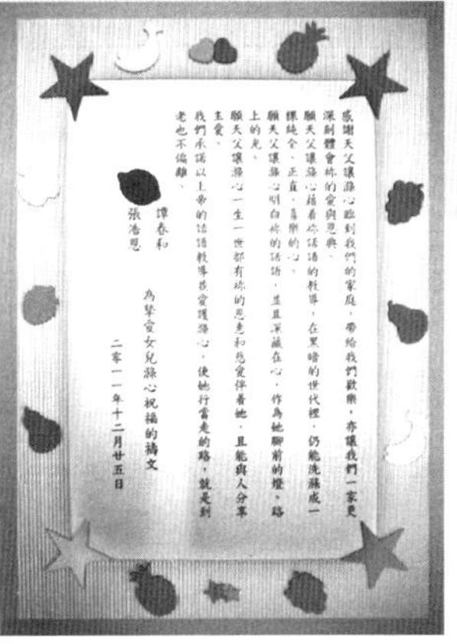

感謝天父讓滌心臨到我們的家庭，帶給我們歡樂，亦讓我們一家更深刻體會祢的愛與恩典。
願天父讓滌心藉着祢話語的教導，在黑暗的世代裡，仍能洗滌成一顆純全、正直、喜樂的心。
願天父讓滌心明白祢的話語，並且深藏在心，作為她腳前的燈，路上的光。
願天父讓滌心一生一世都有祢的恩惠和慈愛伴着她，且能與人分享主愛。
我們承諾以上帝的話語教導並愛護滌心，使她行當走的路，就是到老也不偏離。

譚春和
張浩恩
為摯愛女兒滌心祝福的禱文
二零一一年十二月廿五日

慈悲的恩主，當我們抱着剛剛出生的孩子，我們要再一次感謝祢！
感謝祢永遠長存的慈愛！感謝祢賜下第二個孩子給我們！
「睿心」就是希望主讓這位小朋友，有天父賞賜給她的睿智，去明白上帝的心意。
祈求天父賜給這位小朋友，有[illegible]和睦的心、信實和愛心，在生活中奉行主耶穌基督的旨意，如同在天上。
祈求天父讓我們作父母的，更有智慧和耐心，帶領我們的小孩，走這條天國的道路，雖然這天路不盡是平坦，但是仍讓她可以在路上處處發現上帝的恩典，明白上帝的心意，讓她沿途有你，直到永遠。

舒君柏
彭惠敏
為摯愛女兒睿心祝福的禱文
二零一一年十二月廿五日

教會可協助將這些禱文裝裱起來，作為禮物，讓受洗的家庭放在家中當眼處，父母將來亦可以每年在子女生日時，於他們面前再朗讀一次，語重心長，聽者感動。

祝福的語句不用繁複，只要用最簡單的表達，對應孩子生命的狀況和生活的需要便可，這樣，父母對子女的期望，就表露無遺；大家亦可見到父母抱著健康和積極的態度，等待兒女成長。言語可以鼓勵人，也可拆毀人；今天不少人以為，只要父母時常待在子女身旁就足夠了……然而，除了陪伴，父母還要學著跟兒女溝通，透過言語向兒女表達關愛。父母為兒女按手祝福，正可透過觸摸和言語，向兒女傳達他們的愛意與接納，因此，筆者很鼓勵各個家庭都實踐這美好傳統。

在崇拜裏，因為顧及美好秩序，只有牧師才可為會眾祝福，目的是差遣信徒帶著上帝的祝福，進入世界作見證。在家庭裏，父母為下一代祝福，目的是帶領兒女在生活中注目上帝的同在，學習倚靠祂的恩典。（參本書第五章附錄 IV〔頁 76 ～ 79〕。）

VI. 應用／思考問題

1. 父母試過在家中、生日會或其他場合，在眾人面前個別為子女祝福嗎？感受如何？

2.「為兒女按首祝福，比一切物質的禮物，來得寶貴和真實。」你同意這信念嗎？為甚麼？
3. 你是否願意因應子女的需要，定期為他們祝福呢？例如可以在每年暑假結束、開學的前一天或前幾天，先與他們溝通，明白他們在來年，最希望上帝賜福的是甚麼，然後按著他們的需要為他們祝福。

註釋

1. 史摩利、特倫德：《祝福的力量》，劉玉潔譯（台北：校園書房，2004），頁 39 ～ 138。

05

上篇附錄

SMTWTFS
1 2 3 4 5 6
7 8 9 10 11 12 13
14 15 16 17 18 19 20
21 22 23 24 25 26 27
28 29 30 31

附錄 I
兒童崇拜可以塑造靈命

不方便　孩子若要上教會，就得在主日早一點起牀，或是在週六下午小睡過後，起來盥洗，拖著半推半就的身軀，乘車或步行回到教會；盼望路途中孩子合作，順利到達教會。其實這就是操練「不可停止聚會」（來十 25）。小孩會感受到父母在乎敬拜上帝，甚至也樂意與其他信徒一起相交及事奉。當孩子自小就學習看重上帝過於自己的慾望，屬靈生命也就漸漸成長了。

公開承認屬於這個羣體　在推動「一人一圓」（註 1）行動中，我鼓勵兒童返教會時，若途中碰見大廈管理員、鄰居或清潔工人等，有機會便可主動告訴別人：「我每星期都參加灣仔堂崇拜……」，作為與別人結連的開始。當孩童回到教會，與其他小朋友安坐在一起，這個傳統動作正是告訴別人：「我是灣仔堂的一分子。」

願意與熟悉的羣體相聚，或跟隨父母上教會，這些行動都可以協助孩童進而認同教會，歸屬教會，見證教會。若兒童經常斷斷續續參加崇拜，將來他們不能歸屬教會或選擇離開教會之機會極高。

禮序　我堅持不讓兒童崇拜變成嘉年華會（除了在特別節期會加插樂隊外），不能只靠讓孩童覺得好玩，去贏得他們的出席。崇拜的節奏是緩慢的，目的是使大家有機會和空間反省自己的所思所想、所言所行，讓大家的屬靈生命由此而得到啟發。上帝是一個講求秩序的神，敬拜祂時，要有良好的秩序和基本的要求。如果在主日或週六兒童崇拜中，導師在領唱或背誦主禱文時，邀請孩子站立，但當中有孩子堅持不起立，甚至情況持續發生，該怎麼辦呢？答案就是「等待」。最後，我們總能看見陸續有小孩選擇跨越自己的安舒區，突破自己原本設定好的防線，最終願意與其他在場之兒童做相同的事。當他們認知到，又願意接受那些使自己不舒服的狀態時，就已經在成長了，甚至可以說，當這行動與敬拜上帝有關，他們就是耶穌的跟隨者。

熱情招待　兒童崇拜事奉人員中設有「招待」一職，

由小三始，孩子輪流承擔這個事奉崗位，負責點名、向新朋友致送禮物及處理奉獻事宜。這樣做的目的，是希望孩子能學習如何對待同屬一個羣體的每一成員、接待新朋友（陌生人）、與別人對話和接觸；也希望孩子學習要向導師有交帶。在事奉過程中，要認真，要早十五分鐘到達；這一切要求，就是要他們透過優先考慮別人的需要，而使自己的屬靈生命逐漸成長。我們若願意看別人的需要重於自己的需要（愛鄰舍的價值觀），就實踐了耶穌好撒馬利亞人比喻裏的教導了。

奉獻　兒童奉獻時，會認知到自己是帶著禮物來朝見主耶穌，而每星期如是這般的付出自己所擁有的，確是可以操練對上帝「慷慨」的態度。愈是操練，才會愈有機會做得更好，在屬靈上有更多的收成。父母在崇拜前，若協助兒童預備奉獻，會對他們在將來參與奉獻上，帶來積極的影響。到兒童開始穩定地參加崇拜，亦鼓勵父母教導他們：父母不會再主動作出提醒，孩童要在崇拜前自行提出預備奉獻（假設沒有零用錢），否則他們在奉獻環節中，就只能安坐在座位上，不用行前奉獻。當孩童自幼養成自己主動參與的能力，就正正顯明他們心中有上帝。他們若知道敬拜耶穌並非永遠都是一件既方便又容易的事，他們的靈命便會開始成長。

（本文原刊於並修訂自張偉芬：〈兒童崇拜可以塑造靈命〉，《中華基督教會灣仔堂灣仔週刊》〔2015 年 3 月 1 日〕。承蒙允許轉載，謹此致謝。）

註釋

1. 這是灣仔堂於二〇一五年推動的行動，旨在鼓勵信徒關心生活場景中所接觸的人羣，當中「六圓」代表六個關係網，即是血圓、校圓、職圓、地圓、趣圓及歷圓；教會鼓勵信徒檢視自己的關係網，隨從聖靈帶領，對有感動的羣體或個人，作出關心和向他們作見證。

附錄 II
兒童與上帝的道

兒童成長中，確實有很多限制，例如知識、智慧、表達能力等，他們能清楚地接受救恩嗎？信仰是否對他們很重要？兒童能經驗悔改與重生嗎？

I. 帶領兒童信主

為兒童帶來救恩，是聖靈超自然及親自引導的工作，除非聖靈在兒童心中動工，我們不能倚仗甚麼工具去使他們成為上帝的兒女。所以，對於幫助兒童明白救恩的意義，不論哪個年齡，我們作為父母，在上帝話語的基礎上，都要協助子女，諄諄引導他們的心靈，更貼近聖靈的心意；孩童要學習回應聖靈呼召，才知道決志信耶穌是甚麼一回事，然而，這往往受著他們的經驗及背景所影響。

不少父母希望子女在兒童期就能信主，這是好得無比的，因為孩童擁有最寶貴的特質，就是有單純的信心；不過，父母要以禱告開始，祈求上帝賜下智慧及敏銳的心，來探求每位兒童在靈性上的需要。在教會、學校或活動營中，兒童很容易受到羣體的影響，因此，若要確認兒童清楚明白救恩的意義，在團體呼召的決志方式後，父母要花一點點時間，個別的與他們談論救恩的原委，當然也必須使用兒童可以明瞭的話語。帶領兒童決志有兩個基本步驟：

1. 從聖經讓兒童明白為何要接受耶穌基督為救主。
2. 帶領兒童作認罪的禱告。在《聚會時間的兒童活動》一書中，陳太和小男孩志華（人物名稱經過修改）談論到關於上帝的愛，供大家參考：

陳太：志華，為甚麼上帝要你在祂的家中？

志華：我不知道。

陳太：因為祂非常愛你。唸唸看，在約翰壹書這裏，上帝說了甚麼？

志華：「上帝就是愛。」（約壹四 8）

陳太：但是你、我和世界上每一個人都不配接受上帝的愛，因為我們都做錯了事。聖經中做錯事就是用「罪」這個字，唸唸看上帝對我們的罪說了些甚麼？

志華：「世人都犯了罪，虧缺了上帝的榮耀。」（羅三 23）

陳太：我們犯罪做錯了事，你認為我們會怎樣？

志華：我想，會遭受懲罰。

陳太：對了，志華。但是上帝仍舊深愛著你和我，所以祂差遣耶穌基督來擔當我們所應受的懲罰。你知道，耶穌如何擔當懲罰嗎？

志華：是不是死在十字架上？

陳太：對了，志華，祂死了。告訴我，你自己做錯事時感覺如何？

志華：我想（停頓一下）我不喜歡自己。

陳太：你能不能現在就告訴上帝呢？

志華：好的——上帝，對不起，我做了許多不對的事情，我真希望沒有做過。阿們。

陳太：耶穌那麼愛你，代替你受懲罰，為你死，你覺得怎樣？

志華：我覺得難過，但我也很高興。

陳太：甚麼使你覺得高興？

志華：因為耶穌那麼愛我，為我而死。

陳太：你願不願意也將這事告訴耶穌？

志華：親愛的上帝，我知道你愛我，耶穌也為我死，謝謝你，非常謝謝你。

陳太：志華，如果你真的為你的罪而難過，如果你真的相信耶穌為你而死，上帝說，祂會赦免你一切的罪。如何決志呢？聖經說：「你若口裏認耶穌為主，心裏信上帝叫他從死裏復活，就必得救。因為，人心裏相信就可以稱義，口裏承認就可以得救。」（羅十 9～10）你知道，當上帝赦免你的時候，會發生甚麼事嗎？

志華：不知道。

陳太：祂會使你成為祂的孩子，成為上帝永恆家中的一分子。讀讀這節經文，然後告訴我，裏面說些甚麼？

志華：「凡接待他的，就是信他名的人，他就賜他們權柄作上帝的兒女。」（約一 12）它說，我是上帝的孩子，我在祂的家中！

II. 跟進與造就

當孩子站在得救的開端時，不要以為任務已經完成，看輕跟進栽培工作之重要。兒童接受主耶穌基督為救主後，其實他們的屬靈胃口就給打開了，我們要幫助孩子在基督的恩典中長進，並達到成熟的地步（弗四 13）。昔日主耶穌傳承「大使命」給使徒，囑咐信徒往普天下去，傳福音給萬民（可十六 15），但同時也要教導萬民遵守主所吩咐的（太二十八 19 ～ 20）。因此，向尚未得救的兒童傳福音固然是重要的事，不過，花一點心力去教導那些已得救的兒童，協助他們的生命與主耶穌連結，也不要怠慢。所以，除了鼓勵信主的兒童為主作見證，向他人分享主耶穌為世人釘十架之救贖恩典外，也要鼓勵他們繼續在屬靈的生命中成長。

III. 聽道與行道

許多基督徒教師或父母，容易跌落一陷阱，就是只以教導聖經故事或叫兒童背誦經文為樂；殊不知兒童被許多的聖經「知識」填滿了小腦子，從小就患了屬靈消化不良症，結果怎樣呢？我們感慨，就是他們的信仰與現實生活無法融會一起，致使產生諸多矛盾。在此情況下，兒童對救恩與上帝的道的認識，自然是模糊的，甚至漸漸失去胃口。

聖經「知識」是重要的，然而，除了吸收知識，消化及應用等亦是另一重要考慮。在整個基督教教育過程中，除了吸收知識的第一步之外，仍要踐行其他三步，方能達到以上帝話語為培育生命之基礎的目標。這三步就是：一、發現知識中的意義，即洞悉真理；二、將真理聯繫到生活上；三、在生活中不斷應用與實踐。這樣，舊的生命就能更新改變。

因為兒童無法理解抽象事物或事物的象徵意義，成年人可作兒童的「教練」或「解畫人」。在向兒童講解及教導他們實踐聖經真理時，的確常常需要花一點心思。當然，在講解上帝話語時，也應避免使用過分冗長與複雜之用詞；如遇上一些難懂的聖經專有名詞，如成聖、道成肉身、稱義、審判、末後的亞當等，宜盡量用兒童所能明白的，或曾經驗過的事實來解釋。

（本文內容啟發及整理自以下兩本著作：吉姆．拉森：《聚會時間的兒童活動》，白添成、胡美華譯〔台北：中國主日學協會，1979〕，頁103～105；以及鄧敏：《基督教兒童教育》〔香港：福音證主協會，1988〕，頁127～147。）

附錄 III
家庭祭壇

十餘年前，還有認識一些信徒家庭，是會一家人一同以祈禱、分享、唱詩、讀經去敬拜上帝的。雖不是每天都舉行，但總會偶爾一同圍坐家中，舉行「家庭崇拜」。十餘年後的今天，在與信徒閒談中得知，還有此舉的家庭已是凋零落索，有些年輕信徒夫婦更不知從何開始。

> 5 你要盡心、盡性、盡力愛耶和華——你的上帝。
> 6 我今日吩咐你的話都要記在心上，7 也要殷勤教
> 訓你的兒女。無論你坐在家裏，行在路上，躺下，
> 起來，都要談論。8 也要繫在手上為記號，戴在額
> 上為經文；9 又要寫在你房屋的門框上，並你的城
> 門上。(申六 5 ~ 9)

昔日上帝教導作父母的以色列人，要在家中負起責

任，教導兒女認識祂。父母可以透過聽覺、視覺及觸覺上的各種方法，用上帝的說話把兒女帶到祂面前。初期教會的信徒也是在家庭中，實踐天天敬拜的生活。（徒二 46）

七十年代以前，很少教會設有兒童崇拜，進到教會的兒童大多參與主日學或團契，而且大部分兒童的父母皆未信主。所以，當時有作父母的信徒，天天在家裏為子女舉行「家庭崇拜」，內容通常包括：讀一節經文、釋經、唱詩，及以祈禱結束等。

進入八、九十年代，大多數信徒已有下一代，教會如雨後春筍般為他們設立兒童崇拜及其他多姿多采的活動。雙職父母下班時間不定，兒女要溫習功課之餘，參加校外進修或活動的次數也愈來愈多，假若兒女正在基督教學校讀書，學校也會有聖經課，於是在家裏舉行「家庭崇拜」的意欲，愈來愈低。

其實「家庭崇拜」又稱「家庭祭壇」，也就是家庭禮拜，是一個基督徒家庭一起仰望上帝的時刻。只是進入了二十一世紀，為了減輕「天天」舉行崇拜的壓力，避免教會、學校、家庭對真理教導之重複，以及減低子女對教會崇拜與家庭崇拜的混淆，很多信徒家庭已減少家庭崇拜的舉行次數，例如由一週一次減至一月一次等，內容多以彼此分享、分擔為主，若家裏有小孩，也會講述聖經或恩喻故事。後來，「家庭祭壇」的稱謂也比「家庭崇拜」更為大眾受落。

我是三個男孩的母親，又是半職的傳道人，從生活經驗裏思想，我較接受「家庭祭壇」的稱謂，因為「壇」的設立，多數是有原因的。舊約以色列人設立祭壇，為的是紀念上帝在某事上的眷佑，例如洪水過後，挪亞為耶和華築了一座壇(創八 20)。以撒在別是巴設壇求告耶和華的名(創二十六 25)，這正好表明，在「家庭祭壇」的時間裏，我們各人可開放自己的內心世界，坦然分享大家在生活裏如何體會上帝的帶領，例如罪得赦免、疾病得醫治、考試得保守、憂愁蒙分擔、快樂同感恩等。此外，昔日祭壇的建造，是非常簡便的，例如約書亞建壇於以巴路山(書八 30 ～ 31)，基甸建壇於俄弗拉(士六 24)，而且壇也是人人可隨時隨地自行設立的。今日的「家庭祭壇」可不必拘泥於特定的時間，只要選擇全家人較能聚在一起的時間，就可實行(若家中只有兩位成員信主，也可設立祭壇)。但是築壇的目的，就是獻祭和禱告，換言之，我們

不可長期使「家庭祭壇」荒涼，要常常抓住機會，例如最少一星期一次，每次半小時或以上，帶領家人與上帝溝通，不過要記著「小孩愈矮，時間就愈短」。

獻祭的種類有很多，包括贖罪祭、贖衍祭、燔祭、素祭等，每一種獻祭都有其獨特的背景、功能和用意，所以我們也不要對「家庭祭壇」之內容過分拘謹和緊張，當中的細節可以是多元化的。

「……天父，求你叫我的心靈不要給敵人打敗。」六歲的兒子用了屬靈語句去祈求天父幫助他的心臟不要被細菌感染，以致病倒。

「當我在主日崇拜唱詩時，我覺得自己很愛上帝。」這是十三歲大兒子的愛情故事。

「我復活後，會變恐龍。」二兒子信有「復活」這回事，但搞錯了一些事情。

「我想快些到天堂，見一見主耶穌是怎麼樣的。」二兒子深愛主耶穌。

這些珍貴的屬靈生活片斷，都是我家小朋友在「家庭祭壇」中表達的，沒有虛飾，只有單純的信靠。我與外子藉這祭壇去幫助他們建立對上帝的正確觀念，堅立一神觀，這更是我們一家大小與上帝親近的時間，亦即是培育與上帝的「三角感情」的最好時段。不過，最令我鼓舞的是，這個祭壇竟成了交流各人體會上帝的愛的最佳場所。除了上述原因外，麥宅所建的祭壇，就是要鼓勵三個孩子能選擇自己的將來，走出屬於自己的路，但前提是一定要有上帝陪同出發和上路。

用甚麼材料去築壇是不要緊的，最重要的是那座壇是「為誰」及「為何」而建造。昔日以色列人的壇是用土或未經修鑿之石堆成的(出二十 24 ～ 26)，所以它們的形狀也各有不同。其實「家庭祭壇」沒有甚麼必須遵守的固定形式，可能每個家庭的風格也各有不同。麥宅多以唱詩開始，使大家能喜氣洋洋的透過歌詞，領受神恩；繼而分享及分擔近況，我們也試過解讀一兩節金句，或講述一則聖經或恩喻故事，間中也讓小孩開聲頌讀《靜思時刻》的段落或一起欣賞聖詩。(註 1)隨著來的，就是禱告，我們並不一定彼此代禱，有時我們也圍繞著香港及世界新聞時事來禱告，因為禱告的內容會反映我們對人生的態度和價值取向，並且可以擴闊孩子的屬靈視野。若情況許可，我們都會以開首所唱的詩歌作結，效果也不錯。

最後，正如在祭壇的獻祭過程中，祭司擔當著重要角色，信徒父母同樣在「家庭祭壇」中擔當祭司的職分，負責安排流程和樹立良好榜樣，持守有恆，活出虔敬。但要注意的是，切莫把祭壇時間變成管教、閒談或爭執的時刻，使祭壇失去意義。「家庭祭壇」就像一所實驗室，當我們把一些屬靈元素倒進一個信上帝的生命中，我們就可以看見家人成長的端倪，從而鼓勵他們，好讓他們的屬靈生命能繼續成長。我們亦可與家人互相建立親密的友誼，彼此建立。此種滿足與喜樂，實是千金難買。願上帝賜福我們的家庭，使兒女一生都滿有智慧和力量地成長。阿們。

（本文原刊於並修訂自以下兩篇文章：麥張偉芬：〈家庭祭壇的演變與意義〉，《時代論壇》第 791 期，2002 年 10 月 27 日；以及麥張偉芬：〈如何進行家庭祭壇〉，《時代論壇》第 792 期，2002 年 11 月 3 日。承蒙允許轉載，謹此致謝。）

註釋

1. 材料方面，若有小孩參與，可用「看圖答問」、「對話式閒談」、「畫圖對談」、「聖經故事答問」，詳情可參閱 Ronald Goldman, *Religious Thinking from Childhood & Adolescence* (London: Routledge and Kegan Paul, 1964)。

附錄 Ⅳ
為下一代「祝福」

四月十四日是「4 / 14 之窗」國際禱告日，全球教會每年會在此日為四至十四歲的兒童禱告。詳情可參閱 www.Global414Day.com。這裏亦邀請你當天撥冗，為下一代禱告。

在我的家中，當兒子到了八歲，我就會複製門匙，在「家庭祭壇」時間內，將門匙傳給他，並邀請父親按著他的頭，其他家人按著他的肩膊，為他祝福，讓上帝在以後日子中，能闖進他的生命，讓他成為一個有責任心的人。拿了鎖匙後，他就隨即成為其中一位「麥宅掌門人」，心靈當然十分興奮，因為上帝和爸媽看得起他，放心讓他保管自己的門匙。作為母親的我，就開始學習信任他們，給他們多點恩典和自由，信任他們自發地參加團契、兒童崇拜及做家課等。如是這般，在一些特別的日子，例如生日、每年開學的前一天、往海外升學前、農曆年三十晚、剛換新工作時等，在家庭裏，長輩都會為晚輩祝福。當然，將來在他們結婚的那天，父母可充當「大妗姐」，為他們按首祝福。現在我三個兒子漸漸成長，會觸碰到很多人，我相信他們會把這位賜生命和祝福的上帝，介紹給別人，因為「祝福」的其中一個屬靈意義，就是顯明了上帝至高無上的揀選。我亦希望這個祝福可以代代相傳，希望這段屬靈關係，能成為家庭傳統，讓下一代感覺到父母的接納、關愛和肯定是無條件的，就好像上帝愛世上的罪人那樣。

「我兒的香氣如同耶和華賜福之田地的香氣一樣。願上帝賜你天上的甘露，地上的肥土，並許多五穀新酒。願……」這是以撒祝福雅各（誤以為是以掃）的內容（創二十七 27 ～ 29）。我深深體會到聖經中家庭對親人的肯定，是在於人本身的價值，而不是兒女們的表現。雖然聖經沒有記載亞伯拉罕直接祝福以撒的語句，但是以撒已經從上帝那裏得到祝福（創二十六 3 ～ 4），全因他是亞伯拉罕的後裔。以撒為兩位兒子祝福，雅各為孫兒以法蓮和瑪拿西祝福（創四十八 9 ～ 14），至耶穌親身為一羣兒童祝福（可十 13 ～ 16），我們從這些例子中都可見到祝福是如此代代相傳的。而祝福所帶來的溫暖和安全感是今天每一個孩子所渴望獲得的，也是每一段健康和諧的關係的基石。

祝福的語句無需繁複，只要用最簡單的表達，對應孩子生命的狀況和生活的需要便可，這樣，父母對子女的期望，就表露無遺。例如在每一期的孩童寄洗班，家長都可以特別為即將寄洗的孩童編寫一篇祝福禱文，並且先在班裏實習祝福孩子，後再將禱文刊登在週刊中。大家可見父母都是抱著健康和積極的態度，等待兒女成長。言語可以鼓勵人，也可拆毀人；今天不少人以為，只要父母時常待在子女身旁就足夠了……「不！」若然父母只待在子女身邊但沒有溝通，只會造成兒女對關係的困惑，相反，正因為祝福是透過言語去表達，加上父母的手觸碰到兒女的頭頂，那種輕微撫摸的動作，真的可以傳達關愛和接納。這樣，孩子就能切切實實地接收到父母的愛意。

在崇拜裏，因為顧及美好秩序，只有牧師才可為會眾祝福，目的是差遣信徒帶著上帝的祝福，進入世界作見證。在家庭裏，父母為下一代祝福，目的是帶領兒女在生活中注目上帝的同在，學習倚靠祂的恩典。

（本文原刊於並修訂自張偉芬：〈為下一代「祝福」〉，《中華基督教會灣仔堂灣仔週刊》〔2014 年 4 月 13 日〕。承蒙允許轉載，謹此致謝。）

「孩童洗禮」15問

06

「孩童洗禮」的聖經基礎

——第一問至第五問

「孩童洗禮」在過去的日子，曾引起很大的爭論，亦有信徒在此事賠上自己寶貴的生命；我們要禱告，就是在未來的日子，我們在主裏不要囿於這些爭論，並且在教義上，建立穩固的聖經基礎；宗派在此聖禮上，應尊重彼此不同的觀點。

為甚麼福音派改革宗教會（包括堅定持守聖經之信徒）由始至今，仍保持此聖禮？當然這不能證明他們是對的，但是讓我們懷著嚴謹、忍耐及避實擊虛的態度，在沒有偏見的情況下，尋找答案。

第一問　聖經有這樣的教導嗎？

聖經有提及過「孩童洗禮」嗎？聖經沒有記載為孩童施洗的事件，但亦沒有列明禁止「孩童洗禮」。

新約沒有記載為孩童施洗之文字或明顯從上帝而來的命令，這個「沉默」非常重要，究竟這是想告訴我們甚麼呢？今天有一些教義或恆常運作，雖然是取材自聖經之意念，但是並沒有「主吩咐」(thus saith the Lord)這句話，例如「安息日」(Sabbath)轉為「主日」(the Lord's Day)——有很多教會開始時，崇拜是在七日的第一日，即是「主日」，而不是「安息日」。另一例子，就是婦女可參與「聖餐」(Holy Communion)——聖經從來沒有事例記載著婦女領受「聖餐」。那麼，「孩童洗禮」也必須要有一明顯的聲明嗎？此外，若已有其他經文表達或作旁證，表明為孩童施洗也是神聖的准許，那就值得參考和研究了。

不可不知，聖經還有另一個「沉默」，那就是從來沒有列明禁止「孩童洗禮」；換句話說，「孩童洗禮」在初期教會中並沒有掀起爭議。

第二問　「成人洗禮」、「割禮」與「孩童洗禮」有甚麼關連？

今天我們或會以為洗禮與割禮是完全沒有關係的兩種禮儀，但二者之間到底有何關係？

I. 恩典之約的記號

上帝的選民在舊約稱為以色列民，在新約時代，稱為教會；至此，猶太人與外邦人並沒有甚麼區別，大家都是從罪中被救贖，從上帝所賜的信心和恩典而來。另外，上帝藉著一些節期去告訴選民有關救贖主的工作，例如逾越節，內中含義是仰望上帝的羔羊除去世人罪孽；新約教會常記念主的身體及寶血，回望主在各各他山上完成祂的救贖工作；舊約與新約同樣也有一個聖禮，以記號去表達因信稱義——對猶太人來說，是「割禮」；對教會來

說，是「洗禮」。兩者有甚麼關連呢？

割禮是上帝與亞伯拉罕及其後裔所立的約——他相信上帝並以此信心被稱為義——是屬靈上的記號，不純粹是一個民族的記號。

> 正如「亞伯拉罕信上帝，這就算為他的義」。(加三 6)

> 2 倘若亞伯拉罕是因行為稱義，就有可誇的；只是在
> 上帝面前並無可誇。3 經上說甚麼呢？說：「亞伯拉
> 罕信上帝，這就算為他的義。」(羅四 2 ～ 3)

> 9 如此看來，這福是單加給那受割禮的人嗎？不也是
> 加給那未受割禮的人嗎？因我們所說，亞伯拉罕的
> 信，就算為他的義，10 是怎麼算的呢？是在他受割
> 禮的時候呢？是在他未受割禮的時候呢？不是在受
> 割禮的時候，乃是在未受割禮的時候。11 並且他受
> 了割禮的記號，作他未受割禮的時候因信稱義的印
> 證，叫他作一切未受割禮而信之人的父，使他們也
> 算為義；12 又作受割禮之人的父，就是那些不但受
> 割禮，並且按我們的祖宗亞伯拉罕未受割禮而信之
> 蹤跡去行的人。(羅四 9 ～ 12)

歌羅西書兩位作者，保羅及提摩太更形容割禮如脫去肉體情慾，罪得潔淨。

你們在他裏面也受了不是人手所行的割禮，乃是基督使你們脫去肉體情慾的割禮。(西二 11)

割禮在屬靈上也有潔淨之意，是因信稱義的行為。上帝要亞伯拉罕的後裔，生來第八日就接受割禮，雖然他們是一羣不能表達個人信心的嬰兒，但是上帝要求一旦立了此記號，作父母的，就有責任去遵行上帝的吩咐，好像亞伯拉罕用信心渡過一生的生活。父母若要把這記號傳遞下去，就要用信心去教養下一代，讓下一代認識上帝，不只是遵行律法，而是內裏有祂的靈作引導。

割禮的對象是成人弟兄及男嬰，而洗禮則不分性別。保羅表明了亞伯拉罕恩典之約在新約中，得以延續及擴大——藉著洗禮，外邦人及姊妹可承受此恩典之約。

8 並且聖經既然預先看明，上帝要叫外邦人因信稱
義，就早已傳福音給亞伯拉罕，說：「萬國都必因
你得福。」9 可見那以信為本的人和有信心的亞伯拉

罕一同得福。…… [14] 這便叫亞伯拉罕的福，因基督耶穌可以臨到外邦人，使我們因信得著所應許的聖靈。…… [27] 你們受洗歸入基督的都是披戴基督了。
[28] 並不分猶太人、希臘人，自主的、為奴的，或男或女，因為你們在基督耶穌裏都成為一了。(加三 8 ～ 9、14、27 ～ 28)

保羅是否自然地認為信徒的兒女也應該像以前一樣，包含在這恩典之約之內呢？不過，新約經文沒有對「孩童洗禮」有直接的吩咐；既然亞伯拉罕之恩約與下一代有關，那麼在新約中，把後裔排除在這恩約之外，是否需要有一個清楚的聲明(statement)？與此同時，保羅是否也要教導清楚：現在新約時代的洗禮不包括信徒的下一代？……我們知道，其實保羅已詞窮理極，他沒有這個聲明，亦沒有這個必要去吶喊，一切盡在意會中。

II.「洗禮」替代「割禮」

施洗約翰藉著洗禮，有效及廣泛地為耶穌開路，後來

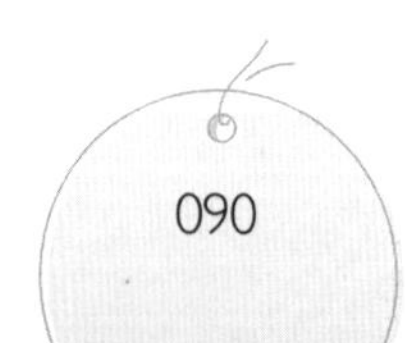

洗禮更成為因信稱義的一個記號，且被五旬節新約教會所理解，其認受性是很高的。這是因信稱義的一個記號。割禮不但有屬靈的意義，也包含民族意識；但因為姊妹可以藉著洗禮去承受恩典之約，所以割禮在新約中漸漸被廢除了。然而，昔日有信徒認為割禮是得救的必須條件，所以在耶路撒冷會議中也商討過這爭論。

> [1] 有幾個人從猶太下來，教訓弟兄們說：「你們若不按摩西的規條受割禮，不能得救。」……[19]〔雅各說：〕「所以據我的意見，不可難為那歸服上帝的外邦人；[20] 只要寫信，吩咐他們禁戒偶像的污穢和姦淫，並勒死的牲畜和血。」(徒十五 1、19 ～ 20)

> [8]〔彼得說：〕「知道人心的上帝也為他們作了見證，賜聖靈給他們，正如給我們一樣；[9] 又藉著信潔淨了他們的心，並不分他們我們。[10] 現在為甚麼試探上帝，要把我們祖宗和我們所不能負的軛放在門徒的頸項上呢？[11] 我們得救乃是因主耶穌的恩，和他們一樣，這是我們所信的。」(徒十五 8 ～ 11)

縱然割禮是因信稱義的記號，但在此次會議決定中，就被廢除；外邦人歸信主，只要禁戒經文所提及的東西，上帝會賜與聖靈，給他們作見證。不過，最重要的是，在會議中，並沒有提及要廢除對下一代有關上帝先前所立的約或應許。保羅在加拉太書三章也全然清楚地表達下一代也可承受這個應許。他沒有提及割禮，反而是看重亞伯拉罕之約的延續性，就是藉著洗禮。

> 27 你們受洗歸入基督的都是披戴基督了。28 並不分
> 猶太人、希臘人，自主的、為奴的，或男或女，
> 因為你們在基督耶穌裏都成為一了。29 你們既屬
> 乎基督，就是亞伯拉罕的後裔，是照著應許承受
> 產業的了。（加三 27 ～ 29）

關於割禮與洗禮之關連性，想不到歌羅西書作者（保羅及提摩太）把這兩樣東西並排而列，說出當信徒在基督裏受洗，其實在屬靈上來說，也是接受割禮，一方面藉信心與基督同埋葬，另一方面也一同復活，並強調這次割禮不是人手所做的。

11 你們在他裏面也受了不是人手所行的割禮，乃是
基督使你們脫去肉體情慾的割禮。12 你們既受洗與
他一同埋葬，也就在此與他一同復活，都因信那叫
他從死裏復活上帝的功用。(西二 11 ～ 12)

III.「割禮」與「孩童洗禮」

聖禮的重點除了外在的儀式，更重要的是其中所提及的應許和屬靈意義；換句話說，我們明白施洗的價值和目的，比斟酌用哪種洗禮形式，更為重要。其蘊含的奧祕在哪裏呢？

3 豈不知我們這受洗歸入基督耶穌的人是受洗歸入
他的死嗎？4 所以，我們藉著洗禮歸入死，和他一
同埋葬，原是叫我們一舉一動有新生的樣式，像基
督藉著父的榮耀從死裏復活一樣。5 我們若在他死
的形狀上與他聯合，也要在他復活的形狀上與他聯
合；6 因為知道我們的舊人和他同釘十字架，使罪身
滅絕，叫我們不再作罪的奴僕；7 因為已死的人是脫

離了罪。[8] 我們若是與基督同死，就信必與他同活。
[9] 因為知道基督既從死裏復活，就不再死，死也不
再作他的主了。[10] 他死是向罪死了，只有一次；他
活是向上帝活著。[11] 這樣，你們向罪也當看自己是
死的；向上帝在基督耶穌裏，卻當看自己是活的。
(羅六 3 ～ 11)

首先，我們決志信耶穌那一刻，罪已得赦免，但如何證明及作記號，以資識別呢？隨後的洗禮正表明罪人與基督同釘十字架，我們的罪得以潔淨和滅絕，亦藉著基督的寶血，我們要向罪死，向上帝活，因為我們已重生，有新生的樣式，與祂相交；洗禮就是一個標記，標誌著上帝已賜下一個新生命，讓其他人一同見證，從今以後，活著的不再是我，乃是基督在我裏面活著。不過，我們還有軟弱，就是我們的肉身還未改變過來，仍是舊有的身體，所以我們仍會被罪引誘，只是，相對以前的我，已經對罪有高度的防備感。

當上帝給亞伯拉罕家設立割禮前，祂宣告祂是亞伯拉罕及其後裔的上帝，是一切美善之源。

1 亞伯蘭年九十九歲的時候，耶和華向他顯現，對他
說：「我是全能的上帝。你當在我面前作完全人，2 我
就與你立約，使你的後裔極其繁多。」3 亞伯蘭俯伏
在地；上帝又對他說：4「我與你立約：你要作多國
的父。5 從此以後，你的名不再叫亞伯蘭，要叫亞伯
拉罕，因為我已立你作多國的父。6 我必使你的後裔
極其繁多；國度從你而立，君王從你而出。7 我要與
你並你世世代代的後裔堅立我的約，作永遠的約，是
要作你和你後裔的上帝。8 我要將你現在寄居的地，
就是迦南全地，賜給你和你的後裔永遠為業，我也必
作他們的上帝。」(創十七 1 ～ 8)

他〔上帝〕說：「我是亞伯拉罕的上帝，以撒的上帝，雅各的上帝。」上帝不是死人的上帝，乃是活人的上帝。(太二十二 32)

這個割禮前之應許和立約，正正表明上帝與亞伯拉罕的後裔的關係是永垂不朽的；因有上帝的應許，就開始了進入上帝與人永恆關係的第一步，即各後裔藉著割

禮這記號，亞伯拉罕可以因著信，蒙上帝稱義，可以親近上帝；這是上帝的恩典和主動，讓亞伯拉罕作完全人（walk before me and be blameless），即離開舊我，像重生一樣，並且讓亞伯拉罕的後裔成為上帝的子民，成為家裏的人。同時，受了割禮的人，在日常生活中，所有男性都要參與以色列的文化和宗教生活，並且表明自己要忠心順服祂的帶領。若沒有這一信心，即是破壞了約，那麼割禮的記號就毫無意義，如以利的兩子和不能進入迦南地的人。至新約時代，無論是猶太人或外邦人，想要成為亞伯拉罕屬靈的後裔及耶穌基督的跟隨者，便要藉著洗禮而得此資格，最終成為上帝的子民；由此，耶穌一來，訂下新約之洗禮，取代了割禮，在我們中間成就了同樣的功能。

> 9 上帝又對亞伯拉罕說：「你和你的後裔必世世代
> 代遵守我的約。10 你們所有的男子都要受割禮；這
> 就是我與你並你的後裔所立的約，是你們所當遵
> 守的。11 你們都要受割禮；這是我與你們立約的證
> 據。12 你們世世代代的男子，無論是家裏生的，是

在你後裔之外用銀子從外人買的，生下來第八日，
都要受割禮。[13] 你家裏生的和你用銀子買的，都必
須受割禮。這樣，我的約就立在你們肉體上作永遠
的約。[14] 但不受割禮的男子必從民中剪除，因他背
了我的約。」(創十七 9 ～ 14)

基督是上帝向亞伯拉罕所應許的，因為萬民都因祂而得福，在救恩裏有分，所以割禮和洗禮之原，是始於基督，也是祂所賜下的恩典：

[1] 耶和華對亞伯蘭說：「你要離開本地、本族、父家，
往我所要指示你的地去。[2] 我必叫你成為大國。我
必賜福給你，叫你的名為大；你也要叫別人得福。
[3] 為你祝福的，我必賜福與他；那咒詛你的，我必咒
詛他。地上的萬族都要因你得福。」(創十二 1 ～ 3)

昔日猶太嬰兒受割禮，以此來「簽名蓋章」，契約書就在他們肉體上，是印證聖約之應許。若此聖約是穩固不變的，今天也同樣適用於信徒們的下一代孩子。聖禮

下立約，已不是從信徒個人信仰角度來看，而是從羣體，甚至從整個家庭作為單位來看——猶太人的孩子，是聖約的後嗣，所以「孩童洗禮」不只是純粹替代割禮般來得簡單，乃是要傳遞聖約的價值觀，亦可幫助下一代，由孩童開始已啟動一個進入基督的人生。即是說，聖約是共同的，即是我們同是上帝的子民，是同屬於一個聖約的羣體，只是證實這印記的方式是不同的——昔日猶太人用的是割禮，現今我們用的是「孩童洗禮」。為甚麼我們要攔阻孩童接受這約的印記呢？

此外，若我們視割禮與「孩童洗禮」是成為聖約子民之記號，在立約的先決條件上，它們也有相同之處（參右圖表）。

不過，無論割禮或「孩童洗禮」，上帝要求下一代在成長過程中，要顯出信心來。而這些記號正告訴我們，他們並不自動得救，這些記號只是讓我們知道大家有把握得到上帝的應許——凡有信心的，必稱為義，就必得救。所以在此成長過程中，聖靈、教會及父母必須幫助下一代加深對上帝的認識和倚靠，從而繼續有信心作上帝的兒女；而長大後的認信，就使先前與上帝所立的約和應許，全然

	亞伯拉罕	後裔
割禮	先認信，後立約。	先割禮，後認信。（例：以撒）
	第一代信徒	**信二代**
孩童洗禮	先認信，後洗禮。（例：彼得講道後三千人信而受洗；衣索匹亞的太監。）	先洗禮，後認信。（例：呂底亞家庭、禁卒家庭。）

生效。不過，若長大了卻沒有認信，這個聖約對他來說，是沒有效的。所以有些教會在「孩童洗禮」後，為這羣長大了的孩子，設立「堅信禮」(註1)，好讓他們有自己公開表達堅定信心的機會。例如中華基督教會就這樣介紹堅信禮：(註2)

> 1. 凡曾受兒童寄洗禮者，俟其年長之後，知識足以明白主道，當勸諭其領受堅信禮。
> 2. 凡在幼年接受兒童寄洗禮，須最少年滿十四歲者（我

曾任牧職之中華基督教會灣仔堂訂定滿十六歲)，得按各堂會之要求，參加學道課程。經堂執事會考問心事後，再經執行委員會通過接納，並宜預先通告周知會眾，方可領受堅信禮。

3. 在舉行堅信禮時，須由牧師為之按手以示此為教會聖禮之一。

那麼，在嬰兒或孩童期就已夭折的，他們的隨後光景又如何呢？在本章第五問(頁 121～129)會討論到這個問題，這裏暫且不贅。

在新約時代，耶穌已經受苦，流了血，成就了救恩，上帝就不再以割禮這血腥和痛苦的徵兆，刻在嬰孩身上，而且，洗禮不限於男性，也適用於女性。上帝從開始至現在，沒有放棄祂的聖約，祂仍然忠於同一個聖約，但祂把更新了的聖約記號帶入了一個新的時代。

註釋

1. 堅信禮(Confirmation),又譯作堅振禮,並非新約聖經時代的一個禮儀;在一二一五年羅馬天主教會的拉特蘭會議(Council of Lateran)被界定,直到今天,是讓曾受嬰兒洗禮的信徒在青春期打後的年日,自覺認信的一個教會禮儀,目的在幫助他們更深認同所屬信仰羣體,更全面參與或更多承擔其宣教使命。

2. 《中華基督教會香港區會聖職人員及聖禮公儀》,第十五章第三十二條堅信禮,2011 年 6 月 15 日,頁 19。

第三問　上帝對家庭有甚麼應許？這與「孩童洗禮」有甚麼關係？

有時我們太強調「個人得救」而忘記了上帝對「家庭」的應許。讓我們一起來看看聖經裏的例子。

1. 上帝藉洗禮帶領父母及兒女進入應許中

當上帝與亞伯拉罕及其後裔進入永遠的聖約時（創十二 1 ～ 3，十七 1 ～ 14，二十六 1 ～ 5，二十八 10 ～ 18），祂正是承諾（應許）了一些事情，而新約後來告訴我們上帝向亞伯拉罕宣講了一個「福音」。這個應許是與耶穌基督有關的，就是凡有信心的人，不論是猶太人或外邦人，都是亞伯拉罕的後裔。上帝那時吩咐他憑信心立下記號，為自己及後裔施行割禮，進入聖約的祝福中。

如此看來，這福是單加給那受割禮的人嗎？不也是

加給那未受割禮的人嗎？因我們所說，亞伯拉罕的信，就算為他的義……（羅四9）

由此，我們知道割禮並不能拯救亞伯拉罕和他的後裔，它只是讓父母憑信心進入上帝應許的一個記號。現在任何屬於主基督的人，就是這聖約的繼承者，也可憑信心讓我們的下一代進入這個應許中。換句話說，若這個應許仍存留，隨著新約時代的到來，是否要有一個新的記號（未受割禮的外邦人、女性及後裔也有分兒），讓大家能有信心繼續把握著上帝的應許呢？

無怪乎在初期教會，五旬節聖靈降臨，這一突如其來的大轉變，發生了以下事情：

37 眾人聽見這話，覺得扎心，就對彼得和其餘的使
徒說：「弟兄們，我們當怎樣行？」38 彼得說：「你
們各人要悔改，奉耶穌基督的名受洗，叫你們的罪
得赦，就必領受所賜的聖靈；39 因為這應許是給你
們和你們的兒女，並一切在遠方的人，就是主——
我們上帝所召來的。」40 彼得還用許多話作見證，勸
勉他們說：「你們當救自己脫離這彎曲的世代。」

[41] **於是領受他話的人就受了洗。那一天，門徒約添**
了三千人，[42] **都恆心遵守使徒的教訓，彼此交接，**
擘餅，祈禱。(徒二 37 ～ 42)

彼得講道後，聖經再次表示「沉默」，沒有記下各人的感受和情況，只道出一天來竟有三千人受了洗。這是一次大變動，沒有割禮，只有洗禮，這是一個新的禮儀(a new rite)，甚至好像舊約時代，兒女也有分兒。彼得說這個應許提及在主裏的人得救贖，亦蒙罪得赦免之恩典。彼得在下一段講道中，很自然就把亞伯拉罕之約與基督連繫起來，亦道出洗禮正是上帝同樣關心我們兒女的信心生活的表達，好像要告訴我們：上帝的靈會在孩童成長中，引導他們的心歸向祂。

[25] **你們是先知的子孫，也承受上帝與你們祖宗所立**
的約，就是對亞伯拉罕說：「地上萬族都要因你的後
裔得福。」[26] **上帝既興起他的僕人，就先差他到你**
們這裏來，賜福給你們，叫你們各人回轉，離開罪
惡。(徒三 25 ～ 26)

II. 全家得救與洗禮

[3] 你們吩咐以色列全會眾說：本月初十日，各人要按著父家 (his family) 取羊羔，一家一隻 (one for each household)。[4] 若是一家的人 (If any household) 太少，吃不了一隻羊羔，本人就要和他隔壁的鄰舍共取一隻。你們預備羊羔，要按著人數和飯量計算。(出十二 3 ～ 4)

從這段舊約逾越節晚上的歷史記載，「全家得救」比起「個人得救」，來得真實及更令人滿足。這不只是一次獨立事件，而是貫穿整本聖經的歷史。上帝的旨意，就是極希望祂的子民全家得救。

耶和華對挪亞說：「你和你的全家 (you and your whole family) 都要進入方舟；因為在這世代中，我見你在我面前是義人。」(創七 1)

挪亞因著信，既蒙上帝指示他未見的事，動了敬畏的心，預備了一隻方舟，使他全家得救 (to save his

family)。因此就定了那世代的罪，自己也承受了那從信而來的義。(來十一 7)

[20] 就是那從前在挪亞預備方舟、上帝容忍等待的時候，不信從的人。當時進入方舟，藉著水得救的不多，只有八個人。[21] 這水所表明的洗禮，現在藉著耶穌基督復活也拯救你們；這洗禮本不在乎除掉肉體的污穢，只求在上帝面前有無虧的良心。(彼前三 20 ～ 21)

挪亞方舟就好比為洗禮，這洗禮刻劃出一幅全家得救的圖畫；大家可再思想昔日保羅和西拉向禁卒傳道的一番話：「當信主耶穌，你和你一家(you and your household)都必得救。」(徒十六 31)如果我們相信挪亞事迹，全家得救的結果就會隨之而來。

我眷顧他，為要叫他吩咐他的眾子和他的眷屬 (his children and his household) 遵守我的道，秉公行義，使我所應許亞伯拉罕的話都成就了。(創十八 19)

上帝告訴亞伯拉罕，身為家中領袖就要帶著這個神聖的吩咐，去培育下一代。這正是上帝的旨意。對一些家庭來說，這個神聖的使命亦可能會帶來責罰，例如以利、亞干的家庭。

> 我曾告訴他〔以利〕必永遠降罰與他的家 (his family)，因他知道兒子作孽，自招咒詛，卻不禁止他們。(撒上三 13)

> 24 約書亞和以色列眾人把謝拉的曾孫亞干和那銀子、那件衣服、那條金子，並亞干的兒女、牛、驢、羊、帳棚，以及他所有的，都帶到亞割谷去。25 約書亞說：「你為甚麼連累我們呢？今日耶和華必叫你受連累。」於是以色列眾人用石頭打死他，將石頭扔在其上，又用火焚燒他所有的。(書七 24 ～ 25)

喇合是另一奇妙展現全家得救的實例，她不但憑信心從耶利哥城被拯救出來，日後更嫁給猶大支派的一員撒門，最終成了大衛王及耶穌基督的先祖。

[12] 現在我既是恩待你們，求你們指著耶和華向我起
誓，也要恩待我父家 (my family)，並給我一個實在的
證據，[13] 要救活我的父母、弟兄、姊妹，和一切屬
他們的，拯救我們性命不死。……[18] 我們來到這地
的時候，你要把這條朱紅線繩繫在縋我們下去的窗
户上，並要使你的父母、弟兄，和你父的全家 (and
all your family) 都聚集在你家中。(書二 12 ～ 13、18)

[23] 當探子的兩個少年人就進去，將喇合與她的父
母、弟兄，和她所有的，並她一切的親眷 (her entire
family)，都帶出來，安置在以色列的營外。[24] 眾人就
用火將城和其中所有的焚燒了；唯有金子、銀子，
和銅鐵的器皿都放在耶和華殿的庫中。[25] 約書亞卻
把妓女喇合與她父家 (with her family)，並她所有
的，都救活了；因為她隱藏了約書亞所打發窺探耶
利哥的使者，她就住在以色列中，直到今日。(書六
23 ～ 25)

[5] 撒門從喇合氏生波阿斯；波阿斯從路得氏生俄備

得；俄備得生耶西；[6] 耶西生大衛王。(太一 5 ~ 6)

若是你們以事奉耶和華為不好，今日就可以選擇所要事奉的：是你們列祖在大河那邊所事奉的神呢？是你們所住這地的亞摩利人的神呢？至於我和我家(as for me and my household)，我們必定事奉耶和華。(書二十四 15)

及至新約時代，耶穌醫好了大臣的兒子，我們相信這位大臣充滿喜樂，不單自己相信耶穌，也相信耶穌會為他的家帶來拯救，後來他所有家人也因此認識及接受主。

他便知道這正是耶穌對他說「你兒子活了」的時候；他自己和全家 (all his household) 就都信了。(約四 53)

哥尼流是個羅馬政權下的百夫長，他的信仰不單單只為著自己，也惠及全家；他是家庭的屬靈領導者，亦影響著親朋戚友。結果，憑著他個人的信心及聖靈的工作，他全家都受了洗，得著救恩。

他是個虔誠人，他和全家都敬畏上帝，多多賙濟百姓，常常禱告上帝。(徒十 2)

他〔彼得〕有話告訴你〔哥尼流〕，可以叫你和你的全家得救。(徒十一 14)

又次日，他們進入凱撒利亞，哥尼流已經請了他的親屬密友等候他們。(徒十 24)

彼得還説這話的時候，聖靈降在一切聽道的人身上。(徒十 44)

47 於是彼得説：「這些人既受了聖靈，與我們一樣，
誰能禁止用水給他們施洗呢？」48 就吩咐奉耶穌基
督的名給他們施洗。他們又請彼得住了幾天。(徒十
47 ～ 48)

住在推雅推喇城的呂底亞，是一個能幹及成功的賣布商人，因為主的引導，加上保羅的信息——雖然經文沒有提及家人的信心——但她的一家都受了洗。

[14] 有一個賣紫色布疋的婦人，名叫呂底亞，是推雅
推喇城的人，素來敬拜上帝。她聽見了，主就開導
她的心，叫她留心聽保羅所講的話。[15] 她和她一家
(the members of her household) 既領了洗，便求我
們說：「你們若以為我是真信主的，請到我家裏來
住」；於是強留我們。(徒十六 14 ～ 15)

雖然經文沒記載司提法那一家的信心如何，但保羅也為他們全家施洗了。

我也給司提法那家 (the household of) 施過洗，此外給別人施洗沒有，我卻記不清。(林前一 16)

獄卒全家歸主及受洗，是印證上帝對有信心的人的應許。家庭是上帝所看重的，祂的心意是希望其他家庭成員也可承傳這份恩典。

[33] 當夜，就在那時候，禁卒把他們帶去，洗他們的
傷；他和屬乎他的人 (he and all his family) 立時都受

了洗。[34] 於是禁卒領他們上自己家裏去，給他們擺上飯。他和全家 (he and his whole family)，因為信了上帝，都很喜樂。(徒十六 33 ～ 34)

以上的經文都指出，上帝的心意，就是我們整個家庭都能得救；若家中有一人信靠祂的應許，祂會帶領其餘家人，無論是成年人或嬰孩，得著信心和救恩。

新約初期教會有關基督徒全家的洗禮，提及了兩樣事情：第一、保羅在以弗所為一些曾受約翰洗禮的人再次洗禮；兩次洗禮的分別在於，約翰之洗禮未曾引領受洗者進入初期教會的團契生活中，即受洗者沒有經歷到像使徒在五旬節所經歷的。此種團契生活是在家中進行的，「家」給了你甚麼聯想？

[1] 亞波羅在哥林多的時候，保羅經過了上邊一帶地方，就來到以弗所；在那裏遇見幾個門徒，[2] 問他們說：「你們信的時候受了聖靈沒有？」他們回答說：「沒有，也未曾聽見有聖靈賜下來。」[3] 保羅說：「這樣，你們受的是甚麼洗呢？」他們說：「是約翰的

洗。」[4] 保羅說：「約翰所行的是悔改的洗，告訴百
姓當信那在他以後要來的，就是耶穌。」[5] 他們聽見
這話，就奉主耶穌的名受洗。(徒十九 1 ～ 5)

[41] 於是領受他話的人就受了洗。那一天，門徒約添
了三千人，[42] 都恆心遵守使徒的教訓，彼此交接，
擘餅，祈禱。…… [46] 他們天天同心合意恆切地在殿
裏，且在家中擘餅，存著歡喜、誠實的心用飯，[47] 讚
美上帝，得眾民的喜愛。主將得救的人天天加給他
們。(徒二 41 ～ 47)

第二、新約有一處提及上帝曾在舊約時期為整個以色列民族舉行洗禮——這也當然包括小孩在內——以顯示昔日之民眾當順服摩西的帶領，這跟今天我們的領洗者皆順服那位救贖主是如出一轍的。

[1] 弟兄們，我不願意你們不曉得，我們的祖宗從前都
在雲下，都從海中經過，[2] 都在雲裏、海裏受洗歸了
(were all baptized into) 摩西…… (林前十 1 ～ 2)

新約共記載了十個有關洗禮之實例：

1. 有三千人在五旬節受洗（徒二 41）；
2. 撒馬利亞城的信眾（徒八 12）；
3. 衣索匹亞的太監（徒八 27 ～ 38）；
4. 大數人掃羅（徒九 1 ～ 18）；
5. 哥尼流及他的全家（徒十 47 ～ 48，十一 14）；
6. 呂底亞和她一家（徒十六 15）；
7. 禁卒和他全家的人（徒十六 32 ～ 33）；
8. 基利司布和全家（徒十八 8）；
9. 在以弗所的施洗約翰的門徒（徒十九 1 ～ 5）；
10. 司提法那家（林前一 16）。

除了衣索匹亞太監、大數人掃羅及在以弗所的施洗約翰的門徒外，其餘七項中有五項都提及家人也參與洗禮，由此，我們相信全家洗禮在新約時代是很普遍的，而正因為全家洗禮如此常見，使徒時代的洗禮實踐，相信也包括了小孩在內。五旬節受洗者及撒馬利亞城的信眾是基督徒洗禮之先驅——就如亞伯拉罕是容許後裔接受割禮之始創者一樣——雖然經文中只提及「連男帶女」(both men and women)，而未有特別說明有家人接受洗禮，但按當情境，洗禮應包括了不同年紀的家人。

第四問　孩童可否得救？

有好些經文都指出，人要悔改，信而受洗，才能得救。那麼，孩童若未曾清楚表達信心，又能夠得救嗎？

信而受洗的，必然得救；不信的，必被定罪。(可十六16)

此話是耶穌對門徒說的。我們問：這裏所指的，也包括孩童嗎？抑或只是在談論那些能夠表達個人信心的人？若這話是針對著成年人來說，而不是特別指向那些不能表達個人信心的人來說，那麼這話就不能成為一個反對「孩童洗禮」的論據。首先，這節經文之主旨是論及得救，不是洗禮。若因孩童不能表達個人信心而剝奪他們洗禮的權利，即是把他們排除於救恩之外，因為「不信的，必被定罪。」若這經文不能證明孩童是絕無可能得到拯救，那麼也不能成為「孩童洗禮」的障礙。假若能夠接受孩童能無需相信而得到拯救，換言之也是能夠接受，孩童在不需要表達信心下，也能夠受洗。結論是這節經文未能為孩童的情況帶來任何亮光，它只是對那些能夠表達信心的人說：洗禮的先決條件，就是相信（faith）。

> 彼得說：「你們各人要悔改，奉耶穌基督的名受洗，叫你們的罪得赦，就必領受所賜的聖靈……」（徒二 38）

同樣，這節經文之主旨是有關得救及聖靈，而不是要指出「孩童因不能表達悔改，就絕無可能得到拯救」，繼而不贊成他們的洗禮；所以，反對「孩童洗禮」的論據，其實也就是反對孩童得救。

每一個生下來的孩童，都是活在原罪的咒詛中：

> 我是在罪孽裏生的，在我母親懷胎的時候就有了罪。（詩五十一 5）

> 從肉身生的就是肉身；從靈生的就是靈。（約三 6）

[12] 這就如罪是從一人入了世界，死又是從罪來的，
於是死就臨到眾人，因為眾人都犯了罪。……[19] 因
一人的悖逆，眾人成為罪人；……[21] 就如罪作王叫
人死；照樣，恩典也藉著義作王，叫人因我們的主
耶穌基督得永生。(羅五 12、19 ～ 21)

[21] 死既是因一人而來，死人復活也是因一人而來。
[22] 在亞當裏眾人都死了；照樣，在基督裏眾人也都
要復活。(林前十五 21 ～ 22)

聖經清楚說出在罪中得拯救之條件是：

[18] 信他的人，不被定罪；不信的人，罪已經定了，
因為他不信上帝獨生子的名。……[36] 信子的人有永
生；不信子的人得不著永生，上帝的震怒常在他身
上。(約三 18、36)

[5] 當我們死在過犯中的時候，便叫我們與基督一同活
過來。你們得救是本乎恩。……[8] 你們得救是本乎

恩，也因著信；這並不是出於自己，乃是上帝所賜的；9 也不是出於行為，免得有人自誇。(弗二 5、8 ～ 9)

上帝告訴我們，任何人的拯救，包括成人(縱然可作認信)及小孩子，都是祂恩典下的揀選；所以在恩約中的小孩，不幸地夭折，相信他們也會得著這恩典式的揀選。

此外，聖經很明顯列出施洗約翰在出世以先，就已經得救了。

他在主面前將要為大，淡酒濃酒都不喝，從母腹裏就被聖靈充滿了。(路一 15)

耶利米在母腹中已被揀選，並且分別為聖。聖靈使人重生的工作，真的難以測透。

我未將你造在腹中，我已曉得你；
你未出母胎，我已分別你為聖；
我已派你作列國的先知。(耶一 5)

以上例子與「孩童洗禮」有甚麼關係呢？如果孩童得救是可能的，那麼為甚麼要反對「孩童洗禮」呢？對於孩童來說，這洗禮是父母認定上帝應許，而父母亦會按著孩童在不同階段的成長需要，給與靈糧和適切教導。若然孩童夭折前未能表達信心，這洗禮甚至就成為他們的得救記號。「孩童洗禮」是承認小孩子也需要耶穌基督的救恩。成人洗禮也是一個得救的記號，若然他們日後否定信仰，就連帶這個洗禮也空無意義，而「孩童洗禮」的情況也是一樣；有些父母沒有堅持抓緊這個對下一代信心的應許，給機會溜走了，致使下一代從未得救。

因為不信的丈夫就因著妻子成了聖潔，並且不信的妻子就因著丈夫成了聖潔。不然，你們的兒女就不潔淨，但如今他們是聖潔的了。(林前七 14)

保羅好像告訴我們，就算父母中的一方是未信主的，他或她在這聖禮及聖潔的情況下，且能分別為聖，因為在已信主配偶之特別信心及要求下，上帝更關注的是下一代的得救問題。

第五問　洗禮對孩童帶來甚麼影響？為甚麼家庭牧養如此重要？

孩童接受洗禮後，身分上會有甚麼不同？父母在孩子洗禮後，還有哪些責任？

I. 洗禮對兒童的影響

舊約的子民與上帝立約時，除了成人可憑信心領受恩典和上帝的引導外，其子孫及後裔也承傳這福分，世世代代在祂的覆庇下生活。這個實踐由舊約延續至新約——在更新聖約的內容時，孩童也會在儀式中成為立約的一分子。我們先看看舊約立約時的經文：

> 10～11 今日，你們的首領、族長、長老、官長、以色列的男丁，你們的妻子兒女，和營中寄居的，以及

為你們劈柴挑水的人，都站在耶和華——你們的上
帝面前，12 為要你順從耶和華——你上帝今日與你
所立的約，向你所起的誓。13 這樣，他要照他向你
所應許的話，又向你列祖亞伯拉罕、以撒、雅各所
起的誓，今日立你作他的子民，他作你的上帝。（申
二十九 10 ～ 13）

摩西所吩咐的一切話，約書亞在以色列全會眾和婦女、孩子，並他們中間寄居的外人面前，沒有一句不宣讀的。（書八 35）

猶大眾人和他們的嬰孩、妻子、兒女都站在耶和華面前。（代下二十 13）

新約也是如此，主耶穌沒有把孩童隔絕在恩約祝福之外：

耶穌說：「讓小孩子到我這裏來，不要禁止他們；因為在天國的，正是這樣的人。」（太十九 14）

> [38] 彼得說：「你們各人要悔改，奉耶穌基督的名受
> 洗，叫你們的罪得赦，就必領受所賜的聖靈；[39] 因為
> 這應許是給你們和你們的兒女，並一切在遠方的人，
> 就是主──我們上帝所召來的。」(徒二 38 ～ 39)

由此可見，在基督耶穌之前，以及在祂之後，孩童一直被接納成為恩約的一分子。這帶出了洗禮是從羣體的角度來看信仰，多於從個人的需要和感想出發；亦讓我們明白到，孩童臨到家庭裏，是上帝眼中的寶貝，是在無條件的恩約中。父母有著無可逃避的家庭牧養責任，要將孩子完完全全的帶到祂的面前來，協助孩子從嬰孩成長時期開始，生命與上帝接連，直至孩子自己能獨立地與上帝同行；當然，這是極尊榮的差事，也是蠻冒險及滿有盼望的旅程。

上帝是公平的，成人可憑著認信，領受救恩；孩子雖年幼，不能在預設的期望中，把信仰表達清楚，但特別是屬主的父母，卻知道一旦為小孩洗禮，就是為下一代啟動了一個進入基督的人生──從小就以上帝的話語餵養孩童，讓孩童從無意識的信心，生出有意識的信心；讓孩童

在屬靈生命上，處處倚靠祂。

假若孩子在年幼時未及洗禮，就已夭折了，他們會被接納與主同在樂園嗎？這是奧祕，聖經沒有清楚說明；但是若行了「孩童洗禮」，這就肯定了聖約的關係，由亞當世襲下來的罪孽與基督耶穌的新生命結連了。這樣，縱然孩童未能在生前表達悔罪及赦罪的經歷，這個生前洗禮的記號，印證了這個已死亡的小孩，是屬於天父的子民。天父的恩典臨到了這家庭及小孩，這更顯出「孩童洗禮」的寶貴之處。這樣，我們就憑著信心完全交託及釋懷，亦能肯定已死的孩童永遠與天父同在。

II. 父母的家庭責任

孩童接受「孩童洗禮」後，履行信心生活的責任，就落在父母身上：他們是否在教養下一代時，用信心訓練孩童呢？沒有信心的行為，是死的，也甚至會對「孩童洗禮」帶來嘲諷。若父母沒有為著兒女的得救而努力實踐信心生活，或不明白這洗禮的因由，他們參與「孩童洗禮」可能也枉然了。

當基督徒父母或其中一方接納上帝對給各家庭的應許時——這應許與耶穌基督有關，就是凡有信心的人，不論是猶太人或外邦人，都是亞伯拉罕的後裔，並且可進入聖約的祝福中——父母就該「教養孩童，使他走當行的道，就是到老他也不偏離。」（箴二十二 6）新約家庭牧養的最佳例子，就是提摩太之外祖母羅以及母親友尼基從小以上帝的話語教導他，以致提摩太「因信基督耶穌，有得救的智慧。」（提後三 15）上帝曾向施洗約翰之父母撒迦利亞及伊利莎伯預言他們的孩子「從母腹裏就被聖靈充滿了」（路一 15），結果約翰在忠心的父母教導下，完成了他的工作。

在舊約時代，上帝囑咐以色列人父母應如何懷摝子女，說：

> 6 我今日所吩咐你的話都要記在心上，7 也要殷勤教訓你的兒女。無論你坐在家裏，行在路上，躺下，起來，都要談論。（申六 6 ～ 7）

至新約時，上帝藉著保羅，勉勵父親「要照著主的教訓和警戒養育他們」(弗六 4)。這勸勉好像平淡無奇,而其實也是他們在生活中一貫的做法。耶穌的父母在耶穌出生四十日後,把祂獻與上帝,因為他們認為所有孩童都是屬於祂的。

> [22] 按摩西律法滿了潔淨的日子,他們帶著孩子上耶路撒冷去,要把他獻與主,([23] 正如主的律法上所記:「凡頭生的男子必稱聖歸主。」) [24] 又要照主的律法上所說,或用一對斑鳩,或用兩隻雛鴿獻祭。(路二 22 ~ 24)

耶穌曾接待及祝福孩童,但是祂並沒有為孩童施洗,因為洗禮的服事,由門徒擔當。

> [13] 那時,有人帶著小孩子來見耶穌,要耶穌給他們按手禱告,門徒就責備那些人。[14] 耶穌說:「讓小孩子到我這裏來,不要禁止他們;因為在天國的,正是這樣的人。」[15] 耶穌給他們按手,就離開那地方去了。(太十九 13 ~ 15)

[13] 有人帶著小孩子來見耶穌，要耶穌摸他們，門徒
便責備那些人。[14] 耶穌看見就惱怒，對門徒說：
「讓小孩子到我這裏來，不要禁止他們；因為在上
帝國的，正是這樣的人。[15] 我實在告訴你們，凡
要承受上帝國的，若不像小孩子，斷不能進去。」
[16] 於是抱著小孩給他們按手，為他們祝福。(可十
13 ～ 16)

[15] 有人抱著自己的嬰孩來見耶穌，要他摸他們；門
徒看見就責備那些人。[16] 耶穌卻叫他們來，說：「讓
小孩子到我這裏來，不要禁止他們，因為在上帝國
的正是這樣的人。[17] 我實在告訴你們，凡要承受上
帝國的，若不像小孩子，斷不能進去。」(路十八
15 ～ 17)

其實不是耶穌親自施洗，乃是他的門徒施洗……
(約四 2)

雖然在耶穌為小孩祝福之後，沒有證據顯示門徒為

孩童施洗，但這也不能證明耶穌就不接納「孩童洗禮」。無論如何，基督徒父母有責任把子女舉薦給主，讓祂悅納和賜福。假若父母相信上帝對下一代有拯救的應許，正如舊約上帝所吩咐的，為甚麼我們不把這個因信稱義的記號放在前頭？在舊約時期，如沒有把這恩約的記號放在後裔中，就等同不信耶和華所賜的應許。昔日主耶穌吩咐門徒，除了要去，使萬民作門徒外，也要給他們施洗（太二十八 18 ～ 20），若父母肯相信這樣的應許，又願意引導孩童行在信心的道路上，我們相信祂是在意那些祂悅納、祝福及應許賜下救恩的人；而更加肯定的是，「孩童洗禮」有助於加強信徒父母對上帝的信心，使他們確信他們的孩子有分於恩典聖約，並加強他們為兒女提供基督教教育的決心。

至此，若在救恩裏，只包括個人與上帝的關係，而不是家庭與上帝的關係，這就是「遺漏的福音」。當一個孩子出生時父母都是基督徒，孩子就是教會的一分子。當原本未信的父或母歸信上主，成為教會的一分子時，他們的孩子也成為其中一員，因為洗禮有「歸屬」的象徵意義。所以，教會對基督徒父母所生的嬰孩，從一開始，就要視他們為上帝家庭的一分子來對待。「所以洗禮應該在會眾全體敬拜的聚會中舉行，這樣你的孩子就可以受到歡迎，成為他們珍貴的肢體。」(註 1)

註釋

1. 呂安昭：《嬰孩洗禮——蒙福的開端》，楊少峰譯（香港：道聲，1990），頁 9。

07

「孩童洗禮」的歷史進程

——第六問至第十問

眾所周知，新約聖經是在宣教的氛圍下寫成的，所以有關洗禮的記述，都是以歡迎猶太人及外邦人加入這個基督羣體為主要背景。究竟他們的下一代是否與父母一樣，可以接受洗禮，藉「孩童洗禮」加入教會羣體呢？誠然是可以的，因為初期教會忠實地執行耶穌基督的命令：

> [15] 他又對他們說：「你們往普天下去，傳福音給萬民聽。[16] 信而受洗的，必然得救；不信的，必被定罪。」(可十六 15 ～ 16)

聖靈賦與使徒們力量，在五旬節那天為三千人施洗，使他們成為門徒。

> 於是領受他話的人就受了洗。那一天，門徒約添了三千人。(徒二 41)

由此，福音宣講從耶路撒冷到猶大，然後到世界各處，象徵著這好消息的普遍性。

> 但聖靈降臨在你們身上，你們就必得著能力，並要

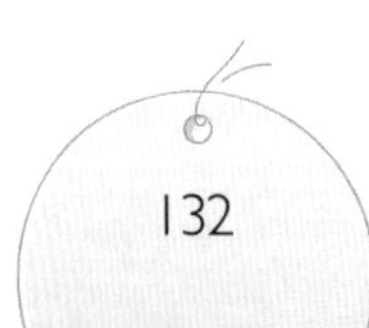

在耶路撒冷、猶太全地，和撒馬利亞，直到地極，作我的見證。(徒一 8)

根據聖經顯示，接納新成員加入基督，成為門徒，是經過洗禮的，這當然包括成人的洗禮。雖然今天有很多基督教宗派都實行成人洗禮，但是宗派之間對「孩童洗禮」仍有爭議，有些教會拒絕這種做法。聖經沒有明顯提到「孩童洗禮」的事件，卻記載了「全家」都接受了洗禮。「全家」(households，希臘文 οἶκος) 包括不同年齡之兒童在內；若在 οἶκος 加有 ὅλος、πᾶς 或 απάντες 等詞彙，即是 ὅλος ὁ οἶκος，πᾶς ὁ οἶκος，就是指全家(the whole house)，而 οἱ αὐτοῦ απάντες 是指所有家中的人(all of his)，更加包括所有兒童。(註 1) 在那時代，由於幾代人生活在一起，又沒有節育措施，換句話說，「全家」的意思就不得不包括嬰兒及孩童。

她和她一家既領了洗，便求我們說：「你們若以為我是真信主的，請到我家裏來住」；於是強留我們。(徒十六 15)

[31]他們說：「當信主耶穌，你和你一家都必得救。」
[32]他們就把主的道講給他和他全家的人聽。[33]當
夜，就在那時候，禁卒把他們帶去，洗他們的傷；
他和屬乎他的人立時都受了洗。(徒十六 31 ～ 33)

管會堂的基利司布和全家都信了主，還有許多哥林多人聽了，就相信受洗。(徒十八 8)

我也給司提法那家施過洗，此外給別人施洗沒有，我卻記不清。(林前一 16)

既然新約記載「全家」洗禮，很可能包括孩童，那麼後來為何做法會有改變？新約聖經時期以後，至今的二千年間，歷史上的教會及神學家是怎樣看待「孩童洗禮」的？

註釋

1. Joachim Jeremias, *Infant Baptism in the First Four Centuries*, trans. David Cairns (London: SCM, 1960), 20.

第六問　初期教會至中世紀時期，各神學家有話說嗎？

在東方和西方教會中，為孩童施洗既是遠古傳統的禮儀，是趨勢，也是一個定規，但往後發展下來，基督教為求在社會脫離異教習俗之影響，便重新審視「孩童洗禮」的發展；誰應該接受洗禮而進入這個新信仰？歸信者可在甚麼年齡受洗進入基督教而成為教徒？這是那時代要討論及下定論的關鍵問題。

I. 初期教會時期

按《十二使徒遺訓》(*Didache*，它可能是新約聖經正典還沒有確立以前，最早成文而在教會中流傳的書信，寫於公元約 110 ～ 130 年)，裏面並沒有提及「孩童洗禮」。(註 1) 在新約聖經時期後之最初期教會歷史中，亦沒

有資料顯示「孩童洗禮」最起頭的運作；而那時期有寫作人指出，在二世紀末前，沒有人反對此做法，而且已是由使徒認可，並一直存留下來的習慣。(註2)

洗禮是一個公開的禮儀，讓人加入教會，這需要新歸信者的信仰回應，並且願意靠著上帝的恩典去領受聖餐；亦有證據表明「孩童洗禮」於三世紀在教會中實行。(註3)

當逼迫時期，古羅馬基督徒葬埋其死者於地下墳墓中。

有好多的墓碑記載著小孩子曾受洗。

「亞基拉，新近受洗，葬於此，死時年僅一歲又五月。」

「魯菲羅，新近受洗，在世年月為三年又卅日。」

「亞里斯都生僅八月，新近受洗。」

「約維納活了三年又卅二天。她近已受洗。」……

這些逼迫大約是從第一世紀中葉延續到主後三一一年。

在二世紀，士每拿主教(Bishop of Smyrna) **坡旅甲**(Polycarp，公元約69～155年)被挑戰否認信仰，他在殉難的艱難日子中，說：「我作祂的僕人已八十六年，祂從來沒有對我做過有損的事，我怎能褻瀆那拯救我的王呢？」(註4) 若坡旅甲活了八十六年，對支持「孩童洗禮」的人來說，這句話暗示他由年幼時已接受洗禮，開始事奉上帝，即是公元六〇年以後，已有「孩童洗禮」這回事；但是反對者卻認為他只是在講述自己的年齡；雙方無法達到共識。

坡旅甲

特土良(Tertullian，公元約 150 ～ 230 年)是一位來自古代西方教會的非洲神學家，他曾就著「孩童洗禮」之問題，撰寫了一篇論文，他用了很多意象(imageries)來描繪洗禮之重要性。(註5) 他不否認「孩童洗禮」的有效性，卻認為孩童不應領受聖洗，直至他

特土良認為孩童不應領受聖洗

們達到思想成熟的年齡，即是當他們學會知道基督是誰的時候，他們才應該受洗。

此外，特土良不接納「孩童洗禮」的另一個原因，是這些小孩在異教徒的誘惑下，有機會否認年少時所作之洗禮承諾。他更認為孩童，尤其是嬰兒，實際上沒有犯罪，因此他們不需藉洗禮去免罪。洗禮涉及很大的責任，所以只能由那些智力及性格成熟的人去承擔。若洗禮者在往後日子犯罪，會使得受洗者及其監護人受到更大的譴責。在特土良的年代，監護人承擔著很嚴肅的責任，被要求去保證受洗者的信心、悔改和放棄犯罪，也承諾監督受洗者的生活，並且引導他們邁向正義。

俄利根（Origen，公元約 185 ～ 254 年）是古代東方教會教父，也是系統神學家，生於北非亞歷山大，幾代先祖也是基督徒。他反對特土良的看法，並且為「孩童洗禮」的實踐辯護；他強烈指出，縱然孩童不能成熟地表達信仰，可罪卻仍留在他們身上，所以洗禮是為了孩童能罪得赦免（the remission of sin），而他自己也在孩童時期，接受了洗禮。隨後，他宣佈：「教會的『嬰孩洗禮』傳統是從使徒中承傳過來的」（tradition received from the Apostles)(註6),並且引用以下聖經來支持「孩童洗禮」的立論點:

> 我是在罪孽裏生的,在我母親懷胎的時候就有了罪。(詩五十一5)

俄利根反對特土良的看法

愛任紐(St. Irenaeus,公元約140~202年)是早期基督教神學家、是坡旅甲的門生,生於希臘裔家庭。他支持俄利根所教導的「孩童洗禮」,因為這會消除了從出生遺留下來的污點,以及從小而來的罪和罪疚。

愛任紐支持俄利根的觀點

此外,還有更多神學家支持俄利根的立場,其中

居普良最早提出「洗禮重生」

拿先斯的貴格利認為洗禮的年齡應推遲至三歲

之一，就是來自迦太基的主教（Bishop of Carthage）**居普良**（St. Cyprian，公元約 200 ～ 258 年）。他是對「教會論」影響深遠的拉丁教父；他的教會合一觀念促成了拉丁教會統一在眾羅馬主教之下，是此思想之重要推動者。他是最早提出「洗禮重生」的人，主張「孩童洗禮」的重要，他認為嬰兒生下來就有亞當的原罪，並且這原罪只能藉著洗禮的水，才能洗淨。（註 7）

拿先斯的貴格利（Gregory of Nazianzus，公元約 329 ～ 390 年）曾當選為君士坦丁堡主教，在異端衝擊教會期間，竭力捍衛正統信仰。他支持「孩童洗禮」，原因是它能賦與上帝的孩子有關「印記和奉獻」(seal and consecration) 的意義；不過，他堅持認為：除非有死亡的危險，否則嬰孩洗禮的年齡應該推遲至三歲才舉行，因為他們在儀式上，較有忍耐力和較能作出回應。(註8)

奧古斯丁支持「孩童洗禮」

關於「孩童洗禮」第一篇系統性的論文，是由希坡的的**奧古斯丁**(St. Augustine of Hippo，公元354～430年)所寫的。當時，有兩個異端運動：一是伯拉糾主義(Pelagianism)，由英格蘭的神學家**伯拉糾**(Pelagius，公元約360～420年)倡導，他認

伯拉糾認為人沒有原罪

多納徒認為聖禮的有效性在於施禮人本身是否聖潔

為人是性惡的，否定人有原罪，因此認為「孩童洗禮」是無關緊要的。根據奧古斯丁的說法，原罪從亞當傳承下來，而正是這原罪使「孩童洗禮」變得合理，因為孩童也需要洗禮來恢復他們與基督和教會恩典的關係。

另一異端多納徒主義（Donatism）是由迦太基的主教**多納徒**（Donatus Magnus，出生年份不詳，逝於公元 355 年）所倡導的，他教導聖禮的有效性在於施禮的聖職人員本身是否聖潔，若聖職人員的品格出現問題，其施行的洗禮和聖餐即為無效；此派活躍於四至五世紀。對於「孩童洗禮」，此派認為信徒的兒女在自己能對信仰負責以前的幼兒時期，已經屬於上帝的國度，教會無需為他們另外施行洗禮。所以，他們不接納「孩童洗禮」，認為只有成人重生後的洗禮才是得救的標誌。就是這樣，由於他們只接納重生後的洗禮，所以會要求受過「孩童洗禮」的人，在長大成人而能對自己的信仰負責時，再次受洗。

奧古斯丁認為接受洗禮的孩童可以得著新生，以及從亞當的原罪中解脫出來。洗禮使孩子成為信徒，並且當他們在理智成熟時，就會明白聖禮和接受其真理。雖然嬰孩還未感知信仰是甚麼，奧古斯丁認為父母及監護人的信心就已經足夠了；其實在父母及監護人背後的，是教會的信心，而在他們之間的這動力，來自聖靈。(註9) 父母既然因肉身之生育，把原罪傳給下一代，他們(包括監護人)是否有權利通過信心，把嬰孩從原罪中解救出來呢？其實奧古斯丁開了一個先河，指出背後真理是從羣體牧養角度去支持「孩童洗禮」，而教會因著施行這個禮儀，也得到聖靈藉基督的印記，把羣體的信心彰顯出來。奧古斯丁的論說，贏得了伯拉糾主義的人的贊同，於是他們隨後就接受了並實踐「孩童洗禮」。到了五世紀，這種做法，已為教會所普遍推行。

話說回來，在四世紀時，有一怪現象，就是有很多基督徒父母延遲為子女安排「孩童洗禮」，他們互為聲氣似的，認為主耶穌在三十歲時，才接受洗禮。當時，奧古斯丁是在三十二歲受洗，而拿先斯的貴格利也在三十一歲才接受洗禮。然而，貴格利在受洗前有一次特別的經歷：他在一次海上旅程遇上風暴，驟然發現自己臨近死亡邊緣，卻還未領洗，頓然有所醒悟；於是，他後來鼓勵各父母若認為洗禮是以往的慣例，現在就不要延遲子女的受洗年齡。當時流行一句說話：「魔鬼從四方八面恐嚇我們，讓我們快快為孩童施洗。」(註10) 這情況從很多墓誌銘也可見一斑（見右圖表）：(註11)

這些「新葡」（*neofitus* 的意思就是「剛受洗」）都沒有在初生時期接受洗禮，而是離世前不多久才接受洗禮，從離世年齡，可清楚顯示當時信徒父母把洗禮年齡推遲了；最奇怪的是，大多數神學家都對此事一聲不響，到了公元三三〇年後，才只有阿斯特里烏斯（Asterius the Sophist）責備父母為何延遲為孩童洗禮。(註12) 而且在此時期，奧古斯丁與伯拉糾也未曾聽聞有其他異端放棄「孩童洗禮」。至公元三六五年，突然有一股通暢流動消息，就是認為「孩童洗禮」是一優良傳統習慣，也在神學上得到證明。(註13) 此時期基督教成為羅馬帝國國教，在發展上，已有很穩固的根基；原本對基督教無好感的人，包括異教徒，也會因這是國家的信仰，對教會採取非常優待的態度，這種氣氛自然吸引很多異教徒歸信此信仰，一窩蜂似的湧入教會，「孩童洗禮」也就成為他們快速及樂意加入教會羣體之象徵。

地段	墓號	出生地點	逝年	年齡		新葡
ILCVI	1477	Rome	348	6 years	8 months	*neofitus*
	1478A	Rome	371	9 years		*neofitus*
	2007	Rome	375	8 years		*neofita*
	1479	Rome	379	5 years		*neofytus*
	1481	Rome	389		8 months	*neofitus*
	1491	Capua	392	1 year	2 months	*neofitus*
				3 years	3 months	*neofitus*
	1494	Bologna	394, 396 Or 402	8 years	2 months	*neofitus*
	1501	Milan	402	6 years		*neofitus*

阿奎那亦支持「孩童洗禮」

II. 中世紀時期

中世紀時，意大利神學家**阿奎那**(St. Thomas Aquinas，公元約 1225 ～ 1274 年）支持「孩童洗禮」；不過，有神學家對於教會在洗禮前後，沒有向會眾作教導解釋，而覺得有點兒失望。無論如何，小孩子的洗禮雖不是出於自己的信心，而是來自父母及教會之主動，孩童們卻可以得到從洗禮而來的恩典。這裏想表明，這種傳統的禮儀自使徒時代(apostolic times)以來，一直在教會中實踐，因為哪處有教會的信心，那處就不講究孩童個人的信仰表白。

根據迪芬巴赫(Arthur J. Dieffenbacher，宣教士、長老會海外傳福音委員、曾任美國軍隊之團牧)之考究，他對初期教會首四百年以來有關「孩童洗禮」的發展，有以下之總結：(註 14)

1. 當時沒有人認為「孩童洗禮」是不符合聖經的。
2. 當時沒有人否認「孩童洗禮」是從使徒時代開始的，各教會一直以來皆這樣實踐。
3. 當時著名的基督徒作者，都普遍迎納「孩童洗禮」。

註釋

1. Arthur J. Dieffenbacher, *Infant Baptism: What Saith the Scriptures?* (Philadelphia, PA: Bible Presbyterian Synod, 1943), 22.
2. Dieffenbacher, *Infant Baptism*, 25.
3. 戴萊・雅各：《論洗禮》，李少蘭、王翰章譯（香港：信義宗聯合出版部，1952），頁 21 ～ 22。
4. Jeremias, *Infant Baptism in the First Four Centuries*, 60.
5. 第一意象：**魚**（ἰχθύς）是從有關「耶穌基督這救世主是上帝的兒子」的希臘文中的首字母縮寫而來，特土良說：「我們是小魚，在水中出生；耶穌是我們的大魚，若我們留在水中，是安全的。」

   第二意象：在出埃及記十五章 23 至 25 節中，所投入水裏的**樹**，就是基督，祂治癒了以前有毒及苦澀的大自然泉水，把它變成最健康之洗禮水。

第三意象：**血**是第二次洗滌（second washing），特土良是指殉道者的流血。

第四意象：**三重浸入**。受洗者與三位一體上帝的結連，不是一次，而是三次，分別在三位一體的每一個名字下受洗。

6. Jerome Hamer, *Sacred Congregation for the Doctrine of the Faith: Instruction on Infant Baptism* (Hong Kong: Catholic Truth Society of Hong Kong, 1980), 4; Dieffenbacher, *Infant Baptism*, 23～24.
7. Hamer, *Sacred Congregation for the Doctrine of the Faith*, 5～6.
8. Jeremias, *Infant Baptism in the First Four Centuries*, 96.
9. Hamer, *Sacred Congregation for the Doctrine of the Faith*, 8～13.
10. Jeremias, *Infant Baptism in the First Four Centuries*, 88～89.
11. Jeremias, *Infant Baptism in the First Four Centuries*, 90.
12. Jeremias, *Infant Baptism in the First Four Centuries*, 91.
13. Jeremias, *Infant Baptism in the First Four Centuries*, 94～95.
14. Dieffenbacher, *Infant Baptism*, 24.

第七問 宗教改革時期的「重洗派」為何否認「孩童洗禮」之有效性？

十六世紀新教改革（Protestant Reformation）倡導者**馬丁．路德**（Martin Luther，公元1483～1546年）曾為奧古斯丁教士，他的支持者包括瑞士宗教改革家**慈運理**（Ulrich Zwingli，公元1484～1531年）和法國及瑞士神學家**加爾文**（John Calvin，公元1509～1564年），他們帶來了有關「孩童洗禮」教義上的基本觀點。馬丁．路德認為，洗禮是上帝的工作和標誌，不是人的作為，因此可以為孩童施洗；但**閔次爾**（Thomas Müntzer，公元約1489～1525年）在一五二一年抨擊了路德的許多教義，特別是在「孩童洗禮」問題上的立場，而被稱為「重洗派」（Anabaptist）。此名字在十六世紀時，用以形容一羣具有改革思想的人，他們脫離了羅馬天主教教會，亦與路德及慈運理跟隨者分割。他們否認「孩童洗禮」之有效

馬丁·路德認為可以為孩童施洗

慈運理支持馬丁·路德的觀點

加爾文亦支持馬丁·路德的觀點

閔次爾被稱為「重洗派」

性，因此那些在孩童時期已接受過洗禮的成年人，必須再接受洗禮；更甚的是，他們亦有否認原罪的。面對這樣的處境，孩童給了路德力量，以應付他的反對者。他又認為上帝不會長時間容許教會有「重洗派」之錯誤觀念存在，結果在〈奧斯堡信條〉(Confession of Augsburg，公元1530年)中之第九條「論聖洗」，大家明確闡述並否定了「重洗派」之思想：(註1)

> 論到聖洗，我們教會教導人：聖洗是為得救所必須的；上帝的恩典乃是藉聖洗賜給人；小孩必須受洗，他們藉聖洗被獻給上帝，接入上帝的恩寵之中。我們教會棄絕重洗派，他們拒絕小孩受洗，堅持小孩不受洗可以得救。

在這期間，慈運理於蘇黎世(Zurich)繼續為「孩童洗禮」的傳統做法辯護，基於「唯獨恩典」的原則，他相信此洗禮是聖約的標誌，是屬於家庭性質的，不只是個人的事。加爾文在他的一篇神學論文中，總結了路德和慈運理的觀點，認為此洗禮也是上帝的承諾，他根據聖

經馬可福音十六章16節的應許：「信而受洗的，必然得救」，認為這是重要的信息，因此我們也要從它的功用性質來看。

其實「重洗派」之前身，就是「瑞士弟兄會」(Swiss Brethren)。他們基於「唯獨聖經」的原則，認為聖經沒有提及「孩童洗禮」，加上孩童不能有信心，所以反對教會為孩童施洗。他們又認為，聖洗是為印證信心而設，不是施恩的工具。不過，他們卻相信未受洗的孩童都能得救。慈運理於是在蘇黎世召開辯論大會，最後由市議會決定弟兄會必須遵從慈運理之立場，就是保留「孩童洗禮」；父母必須在嬰兒出生八日內完成洗禮，否則會被逐出教會。所以在一五二五年，雙方終於決裂。弟兄會之追隨者多是勞動階層，他們的牧者不少未受正式教育，多接受直接由聖靈感動的教導；但當中也有些既有學問，又有口才的領袖，如格列伯(Conrad Grebel)、曼斯(Felix Manz)、布洛克(George Blaurock)等。他們三人都是二十或三十多歲的年輕小伙子，可惜的是，格列伯於一五二六年患黑死病(Black Death)離世；曼斯在一五二七年被新教政權處以死刑，被丟在河中淹死；布洛克同時也被捕，最後被放逐離開蘇黎世，前往奧地利，四處宣道，並於一五二九年，再次被新教政府逮捕，遭酷刑拷打，最後被處以火刑燒死。由一九二四至一九二九年期間，慈運理派、路德派、加爾文派及天主教派聯手起來，欲把「重洗派」從歐洲大陸完全趕出去，所以「重洗派」的信徒面對了很大逼迫，有監禁、罰款、甚至背上違反「政府教會」的罪名的，例如不繳納什一奉獻、不聚會、不參加家庭查經、不肯傳道等，都加在「重洗派」信徒身上。幾年內，有數千信徒殉道。雖然面對逼迫，但是繼後還有很多人加入了「重洗派」。

門諾・西蒙斯是門諾會的創始者

這樣，大部分「重洗派」領袖均經歷了不同遭遇，許多信徒則如同沒有牧人的羊羣。一五三六年，荷蘭神父**門諾・西蒙斯**（Menno Simons，公元 1496 ～ 1561 年）加入「重洗派」，為此派另開新一頁。「他不顧一切艱險，

鞠躬盡瘁，死而後已。二十五年之中，他使流離失所和灰心絕望的『重洗派』復生，使之雖處於逼迫當中，卻仍能組織教會，分佈在荷蘭和日耳曼的邊境。他訂立嚴格的紀律，企圖恢復使徒純粹的教會，由真信徒組織而成，不與世界相混。」(註 2) 他獨尊聖經為信仰和生活的權威，反對以教會的傳統為基礎，主張回復新約教會之簡單樸素儀式。只有信者才能受洗，效法基督的愛，教導非暴力抵抗，不以惡制惡，拒絕發誓，弟兄相交，並要順服基督；他的跟隨者後來被稱為「門諾派」(Mennonites)。

奧古斯丁曾將聖禮(sacraments)定義為：看不見的恩典或神聖祝福的有形記號(a visible sign of an invisible grace or divine blessing)。(註 3) 當孩童受洗時，就能分享上帝這個看不見的恩典，而且因為洗禮是一個帶來新生和信心之聖禮，所以孩童是可以經歷新生的。加爾文回應說：信心的種子種植在他們心中，是聖靈暗地裏的工作，所以他在天特會議(Council of Trent，或稱特倫托會議，公元 1545 ～ 1563 年)，拒絕了再洗的主張。無論如何，「重洗派」之影響仍留在新教教會中，當時實踐「孩童洗禮」時，仍有多角度的主張。

註釋

1. 湯清編譯：《歷代基督教信條》（香港：基督教文藝，2008），頁 63。
2. 湯清編譯：《歷代基督教信條》，頁 244 ～ 245。
3. Philip Schaff, *History of the Christian Church*, vol. 3 (Grand Rapids, MI: Wm. B. Eerdmans, 1980), 475.

第八問　宗教改革後期，「孩童洗禮」的爭論如何平息？

「孩童洗禮」的爭論維持了好一段時間，最後因著教會大公會議之決議，才得以暫告一段落。

I.〈天特信條〉(Creed of Trent)

當時路德宗教改革運動進行得如火如荼，教會亦陷入了嚴重的分裂，因而天特會議前後召開了十八年，跨越了五位教皇的在任時間。天特會議主要是給羅馬天主教釐定教義及整頓法規，結果產生了〈天特會議的教條和教令〉，成為天主教教義的主要根源和最高準則；是次會議又認定聖經和傳統為天主教會的權威，支持從聖禮得到恩典，罪人稱義乃基於恩典和行為等。總體上，現代羅馬天主教繼續堅持天特會議所接受的信仰。至於當時是

否接納「孩童洗禮」，經第五次（公元 1546 年）及第七次（公元 1547 年）會議，有以下的教令：（註 1）

第五次會議：論原罪的教令

三、……或是若有人否認：耶穌基督的那功德是藉著教會所正當施行的洗禮，及於成人和小孩；那麼那人便當受咒詛……

四、若有人否認：從母腹初生的嬰孩，即令是從受過洗的父母而生的，也要受洗；又或說：……所以「使罪得赦」的洗禮，對小孩不是實在的，而是虛假的；那麼那人便當受咒詛……

第七次會議：論洗禮

教條十三：若有人說，小孩既無實在信仰，在領洗之後，不能列於信眾之中；因此，到他們及齡時必須重洗；或說，與其當他們自己不信，而只以教會的信仰給他們施洗，倒不如將這種洗禮免了：那人當受咒詛。

第七次會議：論堅振禮

教條一：若有人說，給已受洗者行堅振禮是一種無謂的儀式，而非真正的聖禮；或說，古時它不過是一種教理考問，藉此使那進入青年時代的人在教會面前表示他們的信仰：那人當受咒詛。

II.〈威斯敏斯特信條〉(Westminster Confession of Faith)

威斯敏斯特會議(Westminster Assembly)是英國清教徒想重整英國教會而召開的大型議會，信條內容完整、精確、簡潔及平衡，每一個句子都經過小組的討論及公開的辯論，信條於數個月後，加入聖經章節引證，並得到議會的接納。後來清教徒移居美洲新大陸，將信條傳入北美洲，這信條就成為對英美的長老宗及北美的公理會與浸信會最具影響力之信條。此信條是加爾文神學、清教徒思想及聖經融合的結晶，共有三十三章。其中第二十八章「論洗禮篇」內之第四、七項，有以下之記錄：(註2)

四、不僅凡是宣認信仰並順服基督的人，而且凡是父母雙方或一方為信徒的嬰孩，都要受洗（創十七 7、9；加三 9、14；西二 11 ～ 12；徒二 38 ～ 39；羅四 11 ～ 12；林前七 14；太二十八 19；可十 13 ～ 16；路十八 15；〔徒十六 14、15、33〕）。

七、一人宜一次領受聖洗（多三 5）。

註釋

1. 湯清編譯：《歷代基督教信條》，頁 267、276。
2. 湯清編譯：《歷代基督教信條》，頁 365 ～ 366。

第九問　近代神學家有甚麼回應？

新教瑞士籍神學家巴特（Karl Barth，公元1886～1968年）是反對「孩童洗禮」之表表者。他在小時候已受洗，成年後拒絕再次受洗，因為自己的洗禮確實發生了，儘管洗禮是在無序中進行的，但卻是非常有效的洗禮。他覺得洗禮雖然沒有按照他希望的方式進行，但它確實發生了，以後不應更換或重做。他為甚麼沒有勇氣再次受洗？（註1）

尊敬的 Gowalezyk 夫人：

七十九年前，我嬰兒時接受洗禮（就像三、四世紀以來絕大多數基督徒一樣），而這正是教會眾多頑疾之一。我反對這種混亂。但我從來不堅稱在這種混亂中所施行的洗禮，是無效的洗禮。不幸的是，那

時有人說了一些甚麼話，卻從來沒有來問我，或讓我有機會回應。我看不到為甚麼我要再次接受另一次洗禮。迄今我仍然認為，認真看待我的第一次洗禮，是更為正確和重要的。一定程度上，要多多向教會呼籲，才能在未來糾正這種混亂。最後，讓我獻上最關切的問候。

卡爾．巴特敬上

一九四八年，他稱這種洗禮為「教會身上的傷口」(a wound in the body of the church)，也是實踐中的「漏洞」。他的論點主要涉及歷史背景；洗禮需要個人的信仰回應，受洗的人願意接受上帝的應許，但是小孩子不能作出這樣的表達，因此巴特形容教會舉行這種聖禮，是獨斷和專制的(arbitrary and despotic)。(註2)

法籍神學家庫爾曼(Oscar Cullmann，公元1902～1999年)反對巴特說：若早期教會不熟悉「孩童洗禮」的實踐，耶穌祝福小孩的情節(太十九13；可十13；路十八15)就不會納入福音書內。雖說聖經中，沒有提及孩童的洗禮，但是暗示這種做法的語句卻比比皆是，例如「他和屬乎他的人立時都受了洗」(he and all his family were baptized，徒十六 33)；還有「我也給司提法那家施過洗」(I also baptized the household of Stephanas，林前一 16)。

其實這個爭論也在新教學者中持續下去：耶利米亞(Joachim Jeremias，公元 1900 ～ 1979 年)和阿蘭(Kurt Aland，公元 1915 ～ 1994 年)都從歷史角度考量這主題，他們一致認為，雖然聖經從表面上沒有直接證據證明為小孩子洗禮是對的，但是三世紀以前的教會，似乎一直接納新約聖經之「全家」意念所隱含的提示。阿蘭在他的著作《早期教會是否舉行嬰孩洗禮？》(*Did the Early Church Baptize Infants?*)序言中，認為「孩童洗禮」是一個神學問題，最終不會通過歷史論證來解決。雖然孩童不能對上帝作出任何回應，但是祂卻給與小孩子恩典，而教會敢於回應那些不贊同藉「孩童洗禮」意會耶穌祝福小孩子的言論，是值得欣賞的。

13 有人帶著小孩子來見耶穌，要耶穌摸他們，門徒

> 便責備那些人。[14] 耶穌看見就惱怒，對門徒說：「讓
> 小孩子到我這裏來，不要禁止他們；因為在上帝國
> 的，正是這樣的人。[15] 我實在告訴你們，凡要承受上
> 帝國的，若不像小孩子，斷不能進去。」[16] 於是抱著
> 小孩子，給他們按手，為他們祝福。(可十 13 ～ 16)

雖然門徒當時沒有給耶穌一個充分的回應，但是我們不會說這些祝福是無效的。美國講道家蘭多夫(David J. Randolph)寫道：「嬰孩洗禮告訴我們的，不是關於嬰孩的事，而更多是關於上帝的事。……這行動告訴我們，當有困難時，基督的啟示表明祂是一位有恩典的上帝；祂向我們伸手及吸引我們到祂跟前。上帝會愛一個仍在牀邊踢腳的小嬰孩。洗禮表明上帝的愛傾注在我們身上，不是我們配得的，那是我們的需要。」(註 3)

註釋

1. Geoffrey William Bromiley, "Karl Barth on the Disorder of Re-Baptism," [document on-line]; available from The PostBarthian website (https://

postbarthian.com/2017/11/29/karl-barth-disorder-re-baptism/); accessed 1 December 2020.

2. Karl Barth, *The Teaching of the Church Regarding Baptism*, trans. Ernest A. Payne (London: SCM, 1948), 40～42.

3. William F. Dunkle and Joseph D. Quillian eds., *Companion to the Book of Worship* (Nashville, TN: Abingdon, 1970), 46.

第十問　提出反對「孩童洗禮」的人，說了些甚麼？

洗禮的傳統從使徒時期開始傳承，這是神聖的聖禮，是公平的，每個人與生俱來的罪株，必須被水和聖靈沖走，這也是上帝的憐憫和恩典。在整個基督教歷史中，於公元一、二世紀，「孩童洗禮」在教會中並沒有惹起爭議，到了三世紀，才遇上特士良的反對。三和四世紀許多偉大教父，儘管出生在基督教家庭，都是至成年階段才受洗，其中包括奧古斯丁。當時普遍推遲洗禮的一個原因，是一些基督徒希望抵制新一波的異教徒洗禮，這些異教徒一心只希望歸屬於君士坦丁大帝的信仰，而非真心追隨基督。這樣的推遲與「孩童洗禮」的有效性無關；許多長大後才受洗的父親，後來都堅持要求他們剛出生的孩子接受洗禮，可見「孩童洗禮」對家庭來說，是非常重要的一件火急火燎之事，其認受性也非常高。從大約四世紀開始，

「孩童洗禮」就成為教堂的常態。

「孩童洗禮」再起爭論是由新教改革開始，而那時期有很多人殉難，特別是「重洗派」信徒。至二十一世紀，「孩童洗禮」的爭論繼續在神學家和教會之間齜牙咧嘴。但試問誰能掌握真理呢？上帝始終沒有背棄祂立約的選民，子民之信心後裔也蒙眷顧，經受歷史考驗，「孩童洗禮」自有其存在必要，雖經艱難困苦，玉汝於成，至詞窮理極，依然是上帝的見證。

但無可否認，反對者也有其理據。以下將會整合幾個反對者的要點，並逐一回應：

1. 聖經沒有明確吩咐我們給孩童施洗

美南浸信會創辦人豪威爾(R. B. C. Howell)說：「以聖經的篇幅及寬度來看，它卻從來沒有提供任何環節為嬰孩洗禮作有力的證明，包括從吩咐、規矩、允許、榜樣或其他形式。聖書處處表達了沒有一字與此有關。」(註1)

這是浸信會最有力之論點。雖然我們不能從聖經舉出一條命令，吩咐說「要去為孩童施洗」，但初期教會的見證，就是全家受洗（and the members of her household were baptized）：

> 她和她一家既領了洗，便求我們說：「你們若以為我是真信主的，請到我家裏來住」；於是強留我們。（徒十六 15）

雖然在新約聖經中，沒有明顯的指令提及可以為孩童施洗，但是也沒有出現過禁令，阻止或輕忽任何孩童去領受這恩典之約的記號（the sign of God's gracious covenant）。若洗禮替代割禮，信眾的後裔，包括孩童，毫無疑問地會成為理所當然的受眾，領受耶和華昔日向亞伯拉罕及其後裔所立的應許——讓後裔得著賜福。今日基督徒父母可以藉著「孩童洗禮」履行上帝所立過的應許。

> 7 我要與你並你世世代代的後裔堅立我的約，作永遠的約，是要作你和你後裔的上帝。……10 你們所有的男子都要受割禮；這就是我與你並你的後裔所立的約，是你們所當遵守的。……14 不受割禮的男子必

從民中剪除，因他背了我的約。(創十七 7、10、14)

主耶穌吩咐那些在新約時代加入這個信仰羣體的人，要接受洗禮，這是比割禮更好的記號和印證，因為它可應用於男女兩性身上。既然洗禮在新約時代與割禮在舊約時代裏的功用是相同的，也是表達兩個時代的恩典之約的記號和印證，那麼，洗禮雖替代了割禮，上帝待人仍以一家為單位，而「孩童洗禮」自然適用於信徒的兒女。

18 耶穌進前來，對他們說：「天上地下所有的權柄
都賜給我了。19 所以，你們要去，使萬民作我的門
徒，奉父、子、聖靈的名給他們施洗。20 凡我所吩
咐你們的，都教訓他們遵守，我就常與你們同在，
直到世界的末了。」(太二十八 18 ～ 20)

47 於是彼得說：「這些人既受了聖靈，與我們一樣，
誰能禁止用水給他們施洗呢？」48 就吩咐奉耶穌基
督的名給他們施洗。他們又請彼得住了幾天。(徒十
47 ～ 48)

在初期教會，家長憑著信心決定接受洗禮，在宗教上也為家屬作出決定。在舊約中，家長決定滿了八天的男孩當受割禮，而成為立約之子；照樣在新約中，家長決定孩童當受洗禮而成為新約的一分子。

> [1] 在凱撒利亞有一個人，名叫哥尼流，是「意大利營」的百夫長。[2] 他是個虔誠人，他和全家都敬畏上帝，多多賙濟百姓，常常禱告上帝。(徒十 1 ～ 2)

> 她和她一家既領了洗，便求我們說：「你們若以為我是真信主的，請到我家裏來住」；於是強留我們。(徒十六 15)

> 他們說：「當信主耶穌，你和你一家都必得救。」(徒十六 31)

我們要問：主耶穌曾特別吩咐婦女當受洗嗎？既然割禮不適用於婦女，她們便也不能受洗？門徒知道洗禮也適用於婦女，因為耶穌說：「使**萬民**作我的門徒……」，這個

大使命是給萬民的，婦女也應包括在內，她們可以與男士一樣領受教導和受洗。同理，對待孩童也該如此，他們既屬於「萬民」，是可以接受洗禮的。而且，聖經的教導，有些沒有作出直接的特別聲明或吩咐，可我們今天也會實行，例如上述有關婦女是否可以接受洗禮，而且自古至今一直都這樣行。所以，我們對待孩童洗禮一事，也可以如此。

現在要問一問：我們是否完全相信那些全家受洗的家庭是沒有孩童的？真的一個也沒有嗎？

> 她和她一家既領了洗，便求我們說：「你們若以為我是真信主的，請到我家裏來住」；於是強留我們。(徒十六 15)

> 31 他們說：「當信主耶穌，你和你一家都必得救。」
> 32 他們就把主的道講給他和他全家的人聽。33 當
> 夜，就在那時候，禁卒把他們帶去，洗他們的傷；
> 他和屬乎他的人立時都受了洗。(徒十六 31 ～ 33)

> 我也給司提法那家施過洗，此外給別人施洗沒有，我卻記不清。(林前一 16)

II. 聖經所顯示的次序皆是「先相信後洗禮」

信而受洗的，必然得救；不信的，必被定罪。（可
十六 16）

15 她和她一家既領了洗，便求我們說：「你們若以
為我是真信主的，請到我家裏來住」；於是強留我
們。……31 他們說：「當信主耶穌，你和你一家都必
得救。」（徒十六 15、31）

管會堂的基利司布和全家都信了主，還有許多哥林多人聽了，就相信受洗。（徒十八 8）

及至他們信了腓利所傳上帝國的福音和耶穌基督的名，連男帶女就受了洗。（徒八 12）

35 腓利就開口從這經上起，對他傳講耶穌。36 二人
正往前走，到了有水的地方，太監說：「看哪，這裏
有水，我受洗有甚麼妨礙呢？」……38 於是吩咐車
站住，腓利和太監二人同下水裏去，腓利就給他施
洗。（徒八 35 ～ 36、38）

以上聖經作者所提及的，那時代傳教之活動重點是使徒傳福音給成年人，亦是初期教會主要傳教之對象；他們悔改後，就接受洗禮。換句話說，是信心應在受洗之先，但是若反過來說，「先相信，後洗禮」是否適用於信徒之年幼子女身上呢？

在舊約時代，亞伯拉罕是先認識耶和華，建立關係後，為了他的後裔日後也承受「約」的應許，耶和華向這家族的後裔施行割禮，作為恩約的印證和記號。亞伯拉罕是先經過信心，然後受割禮；由以撒開始，其後裔卻是先受割禮，然後相信。聖經是不能自相矛盾的，所以新約時代不應主張孩童在受洗前必須顯示信心或信仰內容。

> 9 上帝又對亞伯拉罕說：「你和你的後裔必世世代
> 代遵守我的約。10 你們所有的男子都要受割禮；這
> 就是我與你並你的後裔所立的約，是你們所當遵
> 守的。11 你們都要受割禮；這是我與你們立約的證
> 據。12 你們世世代代的男子，無論是家裏生的，是
> 在你後裔之外用銀子從外人買的，生下來第八日，
> 都要受割禮。13 你家裏生的和你用銀子買的，都必

須受割禮。這樣，我的約就立在你們肉體上作永遠
的約。[14]但不受割禮的男子必從民中剪除，因他背
了我的約。」(創十七 9 ～ 14)

以撒生下來第八日，亞伯拉罕照著上帝所吩咐的，給以撒行了割禮。(創二十一 4)

「全家都受了洗」是初期教會信徒要遵行的大使命：

[18]耶穌進前來，對他們說：「天上地下所有的權柄
都賜給我了。[19]所以，你們要去，使萬民作我的門
徒，奉父、子、聖靈的名給他們施洗。[20]凡我所吩
咐你們的，都教訓他們遵守，我就常與你們同在，
直到世界的末了。」(太二十八 18 ～ 20)

成年人歸主，他們的孩童也屬「萬民」之列，他們怎會不將救恩的應許帶給兒女及子孫呢？所以為孩童施洗是必然的事，讓家中的嬰兒和小孩，通過洗禮成為立約的成員。況且，我們不能假設這些家庭全部是成年信徒，一個

孩童也沒有；而且，我們也無法證明新約聖經中，沒有孩子受過洗禮。

關於「次序」問題，特別是按使徒行傳之記載中，「信心」、「聖靈」及「洗禮」之次序，也經常不同，例如：

A 段：36 二人正往前走，到了有水的地方，太監說：
「看哪，這裏有水，我受洗有甚麼妨礙呢？」
（有古卷加：37 腓利說：「你若是一心相信，
就可以。」他回答說：「我信耶穌基督是上帝
的兒子。」）38 於是吩咐車站住，腓利和太監
二人同下水裏去，腓利就給他施洗。39 從水
裏上來，主的靈把腓利提了去，太監也不再
見他了，就歡歡喜喜地走路。（徒八 36 ～ 39）

B 段：44 彼得還說這話的時候，聖靈降在一切聽道的
人身上。45 那些奉割禮、和彼得同來的信徒，
見聖靈的恩賜也澆在外邦人身上，就都希奇；
46 因聽見他們說方言，稱讚上帝為大。47 於是
彼得說：「這些人既受了聖靈，與我們一樣，

誰能禁止用水給他們施洗呢？」[48]就吩咐奉耶
穌基督的名給他們施洗。他們又請彼得住了
幾天。(徒十 44 ～ 48)

C 段：[1]亞波羅在哥林多的時候，保羅經過了上邊一
帶地方，就來到以弗所；在那裏遇見幾個門
徒，[2]問他們說：「你們信的時候受了聖靈沒
有？」他們回答說：「沒有，也未曾聽見有聖靈
賜下來。」[3]保羅說：「這樣，你們受的是甚麼
洗呢？」他們說：「是約翰的洗。」[4]保羅說：
「約翰所行的是悔改的洗，告訴百姓當信那在
他以後要來的，就是耶穌。」[5]他們聽見這話，
就奉主耶穌的名受洗。[6]保羅按手在他們頭上，
聖靈便降在他們身上，他們就說方言，又說
預言。[7]一共約有十二個人。(徒十九 1 ～ 7)

A 段提及太監是先相信，後洗禮。B 段是述及那些聽道的人是先受了聖靈，後洗禮。C 段是講到以弗所的幾個門徒是先相信，隨而受洗，最後聖靈才降在他們身上。

所以，在上帝的主權和憐憫下，時有不同的運作方

式。而救恩更不會受制於人心中的計劃，致使重生的洗及聖靈更新的次序受到規限。

> 他便救了我們；並不是因我們自己所行的義，乃是照他的憐憫，藉著重生的洗和聖靈的更新。(多三 5)

III. 只有信者合乎資格藉洗禮加入教會

有人說：洗禮是歸信者被悅納成為信心羣體（教會）一分子的啟蒙及重要儀節，所以只有信者才合乎資格。這個論點假設了兒童，即「未信者」不能成為有形教會（visible church）的成員。那麼，這個說法是否與主耶穌論及有關孩童是天國的一分子相抵觸？

> 13 那時，有人帶著小孩子來見耶穌，要耶穌給他們
> 按手禱告，門徒就責備那些人。14 耶穌說：「讓小孩
> 子到我這裏來，不要禁止他們；因為在天國的，正
> 是這樣的人。」15 耶穌給他們按手，就離開那地方去
> 了。(太十九 13 ～ 15)

[13] 有人帶著小孩子來見耶穌，要耶穌摸他們，門徒便
責備那些人。[14] 耶穌看見就惱怒，對門徒說：「讓小
孩子到我這裏來，不要禁止他們；因為在上帝國的，
正是這樣的人。[15] 我實在告訴你們，凡要承受上帝國
的，若不像小孩子，斷不能進去。」[16] 於是抱著小孩
子，給他們按手，為他們祝福。(可十 13 ～ 16)

[15] 有人抱著自己的嬰孩來見耶穌，要他摸他們；門
徒看見就責備那些人。[16] 耶穌卻叫他們來，說：「讓
小孩子到我這裏來，不要禁止他們，因為在上帝國
的正是這樣的人。[17] 我實在告訴你們，凡要承受上
帝國的，若不像小孩子，斷不能進去。」(路十八
15 ～ 17)

接受孩童洗禮者同意以上的經文內容沒有提及「洗禮」一詞，但是主耶穌悅納他們可以成為天國的一分子。綜觀本章所引述的經文，可明白信者的兒女是在「聖約」的權柄下受洗，而不是以「重生」為大前提(the presumption of reborn)來受洗的。由是者，我們也沒有在聖經上找到信者的兒女不能成為有形教會之成

員的佐證。相反，如果兒女不是屬於這個「約」的羣體(covenant community)，為甚麼保羅會要求兒女要在主裏孝敬父母，然後得享「約」的祝福呢？改革宗信徒(Reformed Christians)不會質疑這個對兒女的命令會削減兒女個人在主面前的信心之需要。沒錯，教會是一個認信的羣體，內中有成人信徒，也包括孩童在內。

> [1]你們作兒女的，要在主裏聽從父母，這是理所當然的。[2～3]「要孝敬父母，使你得福，在世長壽。」這是第一條帶應許的誡命。[4]你們作父親的，不要惹兒女的氣，只要照著主的教訓和警戒養育他們。(弗六1～4)

假若只有那些曾經歷「重生」的人，才可以成為教會之一員，那麼未有以上經歷的孩童在懂事前時死亡，他們是得救，還是永遠沉淪？若如經文所載，孩童在未到適合表達信心的年齡時就已經是天國的成員，我們怎可以從教會中排除他們，或拒絕他們接受從上帝恩典而來的「立約」記號呢？

IV. 記述「全家受洗」卻未提及孩童

洗禮前，家主可表達個人信心，包括領受教導、敬畏上帝、滿心歡喜及起來事奉等；這正是表達信心之過程。從經文看，沒有提及兒童的年齡，以及沒有記載兒童被教導或查考上帝的話等信心的表現，意即他們是被排除於外的。

> 31 他們說：「當信主耶穌，你和你一家都必得救。」
> 32 他們就把主的道講給他和他全家的人聽。33 當
> 夜，就在那時候，禁卒把他們帶去，洗他們的傷；
> 他和屬乎他的人立時都受了洗。34 於是禁卒領他們
> 上自己家裏去，給他們擺上飯。他和全家，因為信
> 了上帝，都很喜樂。（徒十六 31 ～ 34）

其實當時家長對一家人的信仰事宜，是負起了很重要的責任的。如前所述，在舊約中，家長決定滿了八天的男孩當受割禮而成為「立約」之子；照樣，在新約中，家長為家人決定一切，包括孩童受洗。孩童生於一個基督徒家

庭——例如：提摩太——從嬰孩時期開始，就已經有機會認識聖經，他們身邊的人都是基督徒。他們自小就被教導上帝話語、實踐信行，隨後參加洗禮，這完全是出於基督徒家長認同「約」所帶來的權柄。無可否認，一個孩童的信心——以及一切其他本能——尚未啟發，這是事實，但是每一個年紀，總有他的理解力、記憶力、運用思想的能力和其他一切心靈的能力，只是這些能力在起初並未完全表現出來；無論家庭裏有沒有不同年紀的下一代，都不能否定「約」所帶來的原則和權柄——後裔可憑此而受洗，而年紀較大一點的兒童則可於受洗前，表達認信。

註釋

1. R. B. C. Howell, *The Evils of Infant Baptism* (New York: M. W. Dodd, 1855), 12.

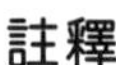

08

「孩童洗禮」的信念實踐

——第十一問至第十五問

第十一問　何謂「寄洗」？

「孩童洗禮」是從教會禮儀的角度去命名，「孩童寄洗禮」則是從牧養的角度去表達教會和父母共同培育小孩，期望在往後日子把這些小生命漸漸的、完完全全的帶到上帝面前。何時選用「寄洗」這詞彙，無從稽考；但是當我靜下來去思索其意義時，感覺前人非常有智慧，以及能抓著其核心價值和精神。我想通後，豁然開朗，深深地獻上了感恩。

先來一個比喻：有一日，夫婦倆要離家幾小時，但是不方便帶小孩一同前往，於是就交託相熟、可信賴之鄰舍或親戚，把小孩暫託他們家中，代為照顧，好讓夫婦二人安心去辦事。在這數小時間，暫託家庭協助照顧小孩：他們渴了，給他們水喝；肚子餓了，給他們食物吃；倦了，讓他們臥牀睡覺；要說話時，與他們對話；要遊戲時，引導他們或與他們一同遊戲……就這樣，幾小時過去了，這對夫婦亦辦完事，回到暫託者家中，連聲道謝，並領回自己的兒女，帶他們回家，一同生活，與平常無異。

因此，他們雙方有以下共識：

1. 這對夫婦一定與這暫託家庭素有交往，或有某程度之熟絡，彼此並不陌生，甚至是關係較密切的；
2. 暫託家庭一經答應，便有責任提供合宜的照顧給這些小孩，包括保證他們安全；
3. 這對夫婦要遵守諾言，按既定時間，回來把這些小孩帶回家；
4. 這些小孩不屬於暫託家庭，是屬於這對夫婦的，按理日後小孩子是否健康成長，責無旁貸的是這對夫婦；

就著以上的比喻及按著下面提問次序，「寄洗」的意義，就十分明顯了：

1. **問**：孩童應在哪一間教會接受洗禮呢？教會在甚麼原則下會接受父母之請求，為他們的兒女施洗？

答：父母或其中一方（或監護人）應選擇自己現時所歸屬的教會——無論是自己從前參與洗禮的教會，抑或是從別的教會轉過來的——意即家長與教會是相屬又熟絡，彼此不是陌生的。從牧養角度來看，教會只應為自己會友（從成人水禮、堅信禮或轉會禮而歸屬這教會名下）之下一代孩童施洗，不應來者不拒，照單全收，因為教會有責任在以後日子協助牧養這些小孩。

2. **問**：施行水禮之教會對這些接受孩童寄洗的小孩有甚麼責任？

答：當父或母選擇在這間教會為信二代施行水禮，這間教會要為這些小孩在成長路上，提供適切及與時並進之基督教教育。（其實教會一直以來都不吝嗇地提供各年齡階層的屬靈教育，只是一個孩童的成長實在有太多變數；譬如當他們上中學、大學時，仍肯當基督徒嗎？所以在人生的起始點上，鞏固幼苗是教會刻不容緩的異象，因此「寄」之意，確有「短暫」的指向。）就好像「暫託家庭」，當小孩來到這個家庭，這家庭在一個短暫期限內代為照顧，義不容辭地負起照顧、教導及牧養的責任，並歡愉地「招呼」這些小孩。與此同時，教會也要鼓勵及支持父母在家中用聖經真理培育兒女成長，並與兒女同行，在真道上彼此建立。

3. **問**：在兒女的屬靈培育上，誰的責任較大呢？是施行水禮之教會，抑或父母呢？

答：施行水禮之教會在培育幼苗上，有很多限制，例如：兒女每週停留在教會時間未必很長，加上教會多以集體式教導為主，未必能對應每個人的成長需要而訂立各項培育事工。故此，「寄洗」雖有暫託教會提供屬靈教導之意，但父母們不要本末倒置，兒女與父母彼此的關愛程度，是任何其他羣體所不能取代的，而且父母是最能了解和洞悉兒女的性格、情緒、喜好和屬靈胃口的。因此，在牧養上，父母不應期望教會無止境地舉行各式各樣的兒童活動，去滿足兒女個別之需要。父母應以口傳、身傳的方式與兒女同行，在得救道路上，堅定他們的信

仰，直到主再來。

4. **問**：是誰領導兒女決志歸信或轉回基督，得著救恩呢？是施行水禮之教會，抑或父母呢？

答：孩童的小腦子可被許多聖經知識填得滿滿的，若信仰與現實生活不能打成一片，孩童可能從小就會患上了屬靈退化症，對信仰混淆不清，對救恩及上帝的真理，糊里糊塗。所以父母有責任親自帶領兒女決志，鼓勵他們洞悉真理，在家庭的場景中，有意識及顯明地高舉上帝的榮耀，例如舉行家庭祭壇（家庭崇拜）。教會則要集結這些第二代信徒，提供裝備和訓練，讓孩子參與建立及造就教會。

第十二問　若接受過「孩童洗禮」後離開主，將來悔改，需要再有洗禮嗎？

如果一個孩童領了洗，後來信心倒退或失落，甚至否定自己是上帝的子民，會怎麼樣呢？若他悔改，是否需要再次接受另一次洗禮？

首先，我相信上帝在他仍活著的時候，會給他很多機會去明白及肯定以前所接納的恩典，亦會給他回轉的感動。若他最終決定背棄上帝，他的情況，便與其他經過成人洗禮而背棄恩典的人沒有多大分別，他要面對上帝的審判。

若他回轉，則不需要再領洗，因為上帝從不失信，聖洗的約仍然有效。在他回轉前，這「聖約」的存有，就等於我們身上持有銀行支票或現金禮券；若它還未被兌現，他的洗禮對他來說是沒有價值的。這人若最後回轉歸向耶穌，還是要悔改和相信。上帝慈愛的應許在他的洗禮中沒

有改變，他的洗禮仍然有效，所以他不必重洗。他是一個迷途的浪子，天父會站在那裏準備迎接他，那時他要再得著兒女的名分，但卻不需要重洗。因為在世時，他的「支票」或「禮券」給兌現了，他再次成為上帝的兒女，所以無需再洗一次。所以現在的「堅信禮」不是用水來完成這個禮儀，卻是由主禮牧師按手在受禮人頭上，進行「堅信祝文」：

求主施天恩與這位你的兒子／女兒，保護他／她，叫他／她永遠屬主，天天多蒙聖靈的感化，直到他／她進入你永恆的天國。阿們。(註1)

洗禮建立了一個永遠的約，所以洗禮是永遠不必重複的，人的不信不能廢掉上帝的應許。一次洗禮，永遠有效。

即便有不信的，這有何妨呢？難道他們的不信就廢掉上帝的信嗎？（羅三3）

5 **一主，一信，一洗，**6 **一上帝，就是眾人的父，超**

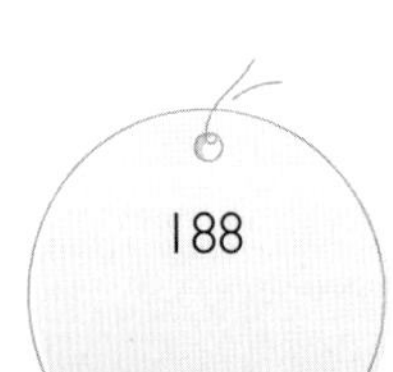

乎眾人之上，貫乎眾人之中，也住在眾人之內。（弗四 5 ～ 6）

在某些情況下，有人不清楚自己在孩童時是否受過洗，來要求接受成人水禮；那教會就要查看清楚，看看那人是否已受過孩童洗禮，要是這件事仍然懸疑不清的話，在這情形下為那人施洗是適當的做法。不過，洗禮時必須像向沒有受過洗的人一樣，為那人施洗。

註釋

1. 《中華基督教會香港區會禮儀手冊》（香港：中華基督教會香港區會神學牧職部，2011），頁 18。

第十三問　「孩童洗禮」可以用哪種施洗形式？

對於施洗的形式，有信徒要求全身被浸，他們認為聖經是這樣規定的。然而大多數的教會認為聖經並無指定某一特殊方式，初期教會既使用全身浸水的方法，也於特別情況下，例如對患病或臨危者，使用灑水或彈水的方法。(註 1)

英文的施洗(baptize)一詞是從希臘文 βαπτίζειν 和 βαπτισμός 而來，原意就是「浸入或浸一下」(immerse, dip)之意。它是特別與宗教儀式有關的，不是指普通的浸於水中。在新約中同類別的字，與信徒洗禮有關，如 βάπτω 共出現四次，βαπτίζω 出現近八十次；與它同字根的字，如 βάπτισμα 亦用過二十多次。(註 2)

主耶穌臨升天前，祂說：「約翰是用水施洗，但不多幾日，你們要受聖靈的洗。」(徒一 5)若然約翰的洗是浸入水中，五旬節的洗便會浸入聖靈和火之中（太三 11）。但是聖靈充滿的形式，是從上而下來（徒一 8），澆灌在信徒的身上（徒二 17、33）的；因此，聖靈的施洗並不帶「浸入」的形式。

> 4 耶穌和他們聚集的時候，囑咐他們說：「不要離開耶路撒冷，要等候父所應許的，就是你們聽見我說過的。5 約翰是用水施洗，但不多幾日，你們要受聖靈的洗。」（徒一 4 ～ 5）

> 我〔約翰〕是用水給你們施洗，叫你們悔改。但那在我以後來的，能力比我大，我就是給他提鞋也不配。他要用聖靈與火給你們施洗。（太三 11）

> 〔耶穌說：〕但聖靈降臨在你們身上，你們就必得著能力，並要在耶路撒冷、猶太全地，和撒馬利亞，直到地極，作我的見證。（徒一 8）

> 17 上帝說：在末後的日子，我要將我的靈澆灌凡有血氣的。你們的兒女要說預言；你們的少年人要見

異象；老年人要做異夢。……[33]他既被上帝的右手高舉，又從父受了所應許的聖靈，就把你們所看見所聽見的，澆灌下來。（徒二 17、33）

原來新約的洗禮，在舊約各種潔淨的規矩中已早有預表。希伯來書論到「諸般洗濯的規矩」（various washings，διαφόροις βαπτισμοῖς，來九 10），此書卷作者用 βαπτισμοῖς 這個詞（只出現一次），就已在統稱這些舊約的禮儀為洗禮（baptisms）了。

這些事，連那飲食和諸般洗濯（various washings）的規矩，都不過是屬肉體的條例，命定到振興的時候為止。（來九 10）

[19]因為摩西當日照著律法將各樣誡命傳給眾百姓，就拿朱紅色絨和牛膝草，把牛犢山羊的血和水灑（sprinkled）在書上，又灑（sprinkled）在眾百姓身上……[21]他又照樣把血灑（sprinkled）在帳幕和各樣器皿上。（來九 19～21）

作者將這些「灑禮」看為洗禮，原因是這些儀節都被基督的救贖工作成全了。今天在教會中的洗禮，是象徵世人的罪孽已被基督的血洗淨；舊約所慣用的潔淨規矩，也是一個灑滴的過程（來九 13，十 22；彼前一 2），所以灑禮亦非不合理。（註 3）

> 若山羊和公牛的血，並母牛犢的灰，灑 (sprinkling) 在不潔的人身上，尚且叫人成聖，身體潔淨……(來九 13)

> 並我們心中天良的虧欠已經灑去 (having been sprinkled)，身體用清水洗淨了，就當存著誠心和充足的信心來到上帝面前……(來十 22)

> 就是照父上帝的先見被揀選，藉著聖靈得成聖潔，以致順服耶穌基督，又蒙他血所灑 (sprinkling) 的人。願恩惠、平安多多地加給你們。(彼前一 2)

所以，總的來說，「孩童洗禮」的施洗形式，可以全

身浸入水中，也可以使用灑禮。其實，因為孩童年幼，今天各教會舉行「孩童洗禮」，大多採用灑水的形式。

註釋

1. Philip Schaff, *History of the Christian Church*, vol. 1 (Grand Rapids, MI: Wm. B. Eerdmans, 1980), 468 ～ 469.
2. 佚名：〈洗禮形式的商榷〉，《中國神學研究院通訊》第五十期，1979 年 7 月。
3. 佚名：〈洗禮形式的商榷〉。

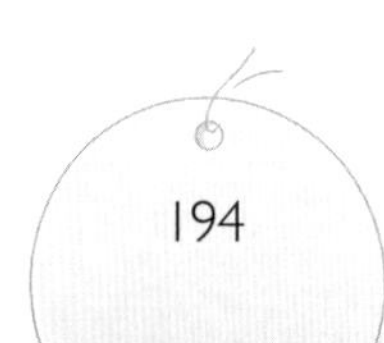

第十四問　洗禮只是一個表記？與得救沒有直接關係？

洗禮是得救的必要條件嗎？在新約中「受洗」這動詞，有以下幾種不同的用法：

1. 受水的洗（如太三6；可一9；徒二41）；
2. 比喻基督的受苦與受死（路十二50）；
3. 指聖靈的降臨（太三11；可一8；路三16；約一33；徒一5，十一16）；
4. 洗濯禮或洗手的禮儀（可七3～4；路十一38；按聖經原文使用同一詞）。這裏是指洗除儀文上的不潔淨。

單就「受水的洗」的用法而言，洗禮對我們的信仰究竟扮演甚麼角色？在這一方面，各個宗派教會也有不同的看法。簡單來說，可以大略分成三種看法：

1. 認為洗禮本身能給人新的屬靈生命，因此洗禮是得救所絕對必要的。
2. 認為洗禮乃是一種公開承認信仰的規程，是見證受洗者已經接受基督為個人救主的一種禮儀。雖然認為洗禮不是得救的必要條件，但鼓勵信徒受洗；而決志相信耶穌但卻堅持不受洗，這人的信仰可能有問題。
3. 不信以水施行的洗禮，只相信人的靈魂要持續地進行內在的潔淨，靠賴聖靈導引而過著有紀律的生活。

洗禮是否只是一種表記，讓人能成為教會的一分子，而根本與得救無關呢？即是人先決志信主，蒙恩得救，然後才受洗，以此作為上帝賜恩給他的證據？但是，新約聖經列出了許多根據，說明洗禮能直接使罪得洗淨：

> 彼得說：「你們各人要悔改，奉耶穌基督的名受洗，叫你們的罪得赦，就必領受所賜的聖靈……」(徒二 38)

> 〔主對保羅說：〕現在你為甚麼耽延呢？起來，求告他的名受洗，洗去你的罪。(徒二十二 16)

你們中間也有人從前是這樣；但如今你們奉主耶穌基督的名，並藉著我們上帝的靈，已經洗淨，成聖，稱義了。(林前六 11)

他便救了我們；並不是因我們自己所行的義，乃是照他的憐憫，藉著重生的洗和聖靈的更新。(多三 5)

這水所表明的洗禮，現在藉著耶穌基督復活也拯救你們；這洗禮本不在乎除掉肉體的污穢，只求在上帝面前有無虧的良心。(彼前三 21)

受洗是歸入基督的開端，與祂有聯屬的關係，從此又生出「向罪死，向上帝活」的決心。綜觀以上經文內容，這是新約時代所帶出的信息。昔日及今天聖靈做了很多工作，一個人決志信主之前或之後的經歷，都是祂的作為。純是洗禮的儀式或過程，不能拯救我們脫離罪的纏繞，唯有聖靈的洗禮（聖靈重生）是拯救的工作，帶給我們潔淨和新生命。成人都是先經過聖靈的重生，然後才有水的洗禮；聖約下的嬰孩接受水的洗禮後，也可經歷聖靈的洗禮，不過，兩者(水的洗禮、聖靈的洗禮)不是同時發生的。

人若要得著赦罪的救恩，必須相信及接納主耶穌為我們的救主，我們不能藉著父母的信仰，被動地繼承救恩。接受「孩童洗禮」後，家庭成員雖有聖約的恩典，但是不能自動得救，不過，我相信聖靈由始至終在小孩身上做感動及帶領的服事，就算小孩中途喪失生命，沒有機會在人前認信，但上帝因著他們藉著洗禮，就已悅納他們成為這聖約羣體的一分子。所以設有「孩童洗禮」的教會，都會舉行「堅信禮」，好讓孩童長大後，自己來作決定。

第十五問　香港各宗派對「成人洗禮」及「孩童洗禮」之信念及實踐是怎樣的？

現時香港有哪些宗派的教會實踐「孩童洗禮」？若沒有舉辦「孩童洗禮」的教會，她們會以甚麼形式代之，以鼓勵父母憑著信心，在家庭中帶領小孩繼續信靠天父、主耶穌基督及聖靈？作為父母的信徒，是否可以考慮用「孩童洗禮」或其他信心的記號，作為教養下一代的起始點？這彷彿背碑覆局，讓家中各人不忘記那位守約施慈愛的上帝，並學習以祂的眼光來看人生。

我用了幾個月時間，用電郵聯絡各基督教宗派，搜集資料。當中以建有五間堂或以上的宗派為對象，期望資料充實無誤，讓眾弟兄姊妹一目了然，知所適從；但是因為各方面原因，有些宗派未見回覆，自是美中不足。衷心感謝那些提供資料和協助之宗派職員及牧者，紙短情長，沁人心肺，實是感恩。

（作者按：名單按筆劃以及「接受孩童洗禮」〔1～6〕與「不接受孩童洗禮」〔7～21〕來排列）

宗派	洗禮信念	施洗方式	孩童洗禮
1. 中華基督教會	是恩約的記號，印證罪被洗淨及蒙赦免，與基督同埋葬、同復活，並與其他弟兄姊妹成為基督的身體。	以澆水或灑水禮進行。	接受 （不同堂會有不同規定，最少滿十四歲可領堅信禮）
2. 香港基督教循道衛理聯合教會	是宣告在基督裏被饒恕和罪得赦免之恩典，並呼召受洗者與基督分擔祭司的職分。	以灑水或全浸的方式進行。	接受 （成年時設堅信禮）
3. 香港聖公會	象徵與基督同死及同復活，從黑暗進入光明，生命得以更新。	以灑水或浸入的方式進行。	接受 （成年時施行堅振禮）

4. 香港路德會	洗禮不只是尋常的水，而是水包含在上帝的命令中，與上帝的話語聯合。洗禮使罪得赦，並救人脫離死亡和魔鬼；並且凡相信這是上帝的話語和應許所宣告的，就得著永遠的救恩。	以灑水或浸入的方式進行。	接受 （十八歲可領堅振禮）
5. 基督教 香港崇真會	洗禮是一種象徵的禮儀，也是「重生的洗」；就是凡憑信心領受洗禮的人，在洗禮中蒙上帝賜與洗淨罪惡、更新生命的恩惠，成為新造的人。	以澆灑、澆灌或浸入的方式進行。	接受 （將來可領堅信禮）
6. 基督教 香港信義會	藉聖洗禮，與主的死和復活結合，從罪惡和死亡中救贖和釋放出來；罪得赦免，承受永生。	以水澆在領洗者頭上進行。	接受 （成年時設堅信禮）

7. 中國基督教播道會	非得救條件，是信徒應遵守的聖經教導，在眾人面前見證上帝有赦罪之恩，願與主耶穌聯合及加入教會。	以浸入的方式，在特殊情況下，接受灑水禮。	不接受 （設有孩童按手禮）
8. 竹園區 神召會	水禮本身不能洗去人的原罪，但其目的是向世人公開見證信徒對復活主的信心。沒有嚴格規定受浸年齡。	全身浸入及出水是合乎聖經的。	不接受 （聖經沒有記載及參與者要悔改歸信）
9. 香港五旬節聖潔會	洗禮是恩典的第三步工作，這聖靈與火的澆灌乃成聖之信徒藉信心所接受的肯定的經驗。這經驗的證明就是藉聖靈說起方言來。	以浸入方式進行。	不接受
10. 神召事工	凡信基督是救主的，都要受洗，以向世人宣告已經與祂同死、同復活，一舉一動有新生的樣式。	全身浸入水中是聖經吩咐的。	不接受

11. 香港伯特利教會	是歸向耶穌基督者在神和人面前必須遵行的見證。	採浸禮儀式，在特殊情況下，施行滴禮。	不接受 （設有孩童奉獻禮）
12. 香港浸信會	是一個禮儀，並無拯救能力。象徵與主耶穌基督同死、同埋葬、同復活。	全身浸入水中。	不接受
13. 香港浸信宣道會	向眾人見證清楚重生得救，並願意與基督聯合、同死、同葬、同復活。	完全浸入水中。	不接受
14. 基督教九龍五旬節會	不是得救之路，是公開認信與耶穌基督同死、同埋葬及同復活，並加入教會。	採浸禮儀式，全身浸入水中；在特殊情況下，執行灑水禮。	不接受 （設有孩童奉獻禮）
15. 基督教中國佈道會	讓那些經過決志，認罪悔改，有重生得救經歷之信徒參與。	以浸禮為主，在特殊情況下，接受灑水禮。	不接受 （設有嬰孩/兒童奉獻禮）
16. 救世軍	不設洗禮	沒有	不設洗禮

17. 基督教 宣道會	是歸信者在上帝與人面前之見證。象徵與基督同死、同葬、同活。	主要用浸禮；體弱者，可用灑水儀式。	不接受 （設有嬰兒奉獻禮）
18. 基督教 銘恩堂	是歸主者順服基督的命令，在神和人面前必須遵行的見證。	採浸禮儀式，如有特殊原因，可用灑水禮。	不接受 （設有兒童奉獻禮）
19. 基督教 靈光中文堂	以證受洗者蒙聖靈光照，知罪悔改，誠心相信耶穌基督為救主。	基本上是全身浸入水中，但如有不便者，會點水於前額三次作為水禮。	不接受 （設有孩童奉獻禮）
20. 基督教靈糧 世界佈道會	見證主恩，表明自己的生命已出死入生。	穿藍色袍、全身浸入水中。	不接受 （設有嬰孩奉獻禮）
21. 萬國宣道 浸信會	表明自己與救主同釘死、同埋葬、同復活，並因主得著復活的新生命。	一次過的浸入水裏。	不接受

資源來源

1. **中華基督教會**：http://www.hkcccc.org/ 區會簡介 / 條例細則 / 禮儀手冊 / 聖禮及有關儀節。
2. **香港基督教循道衛理聯合教會**：https://www.methodist.org.hk/ 常見問題。
3. **香港聖公會**：http://www.hkskh.org/ 禮儀 / 禮文 / 入門禮儀第一式。
4. **香港路德會**：參馬丁路德：《馬丁路德小問答附解》，李永楨譯（香港：香港路德文字部，1999）。
5. **基督教香港崇真會**：https://web.ttm.org.hk/ 資源 / 重要參考文章 / 崇真會信仰—周天和。
6. **基督教香港信義會**：http://www.elchk.org.hk/hk/ 資源分享 / 禮儀。
7. **中國基督教播道會**：參《教牧同工手冊》之禮儀手冊。
8. **竹園區神召會**：〈五宗派代表合一交談　分享對洗禮不同觀點〉，《基督教週報》第 2692 期（2016 年 3 月 27 日）［網上文章］；取自《基督教週報》網頁（http://christianweekly.net/2016/ta2026035.htm）；瀏覽於 2020 年 12 月 1 日。
9. **香港五旬節聖潔會**：http://www.hkphc.org/ 本會簡介 / 信仰大綱。
10. **神召事工**：http://www.emlhk.org/ 神召會基要信仰。
11. **香港伯特利教會**：堂會章則第一章「總則」第四條「聖禮」；第二章「會友」第二條「入會資格」。
12. **香港浸信會**：http://www.hkbaptist.org.hk/ 認識本會 / 信仰與體制。

13. **香港浸信宣道會**：http://hkcba.hk/ 認識本會 / 聯會手冊。

14. **基督教九龍五旬節會**：會規第三章有關禮節部分。

15. **基督教中國佈道會**：https://www.ecf.org.hk/ 各項指引 / 水禮、嬰孩及兒童奉獻禮。

16. **救世軍**：救世軍港澳教區：《救世軍基本信仰手冊》（香港：救世軍，2010）。

17. **基督教宣道會**：基督教宣道會香港區聯會：《宣道會手冊》（香港：基督教宣道會香港區聯會，2000）。

18. **基督教銘恩堂**：聯會章則第一章。

19. **基督教靈光中文堂**：會章第四章第八條。

20. **基督教靈糧世界佈道會**：
http://www.lingliangchurch.org 或香港靈糧堂浸禮程序表。

21. **萬國宣道浸信會**：http://hkabwe.org/ 認識本會 / 信仰。

代跋
追思會中悼念張子江校長
——百搭校長與我

我中學年代在「迦密」成長時，是沒有機心的年紀，最快意就是師友之樂。

在張校長的薰陶下，亦在上帝的恩典中，我愛上「迦密」的人和事，更看見上帝的作為在其中。張校長雖然離我們而去，但是他的一生好像告訴我們，工作不是苦差，更不是一盤生意；休戚與共，有教無類，並以奉獻精神作事，幹勁十足，他實是我人生一大師傅。校長，容讓我透過點滴回憶，見證上帝在你身上的作為：

「木匠」：每年暑假，回校交學費及書簿費，總看見你在一種可以控制的環境下，親力親為，從事鋸木、擔抬、銲接、會議及接待等工作。你那巨大的身軀，真的可派上用場。**我受感動的是：捨我精神，僕人領導，不說空話。**

「校牧」：中五那年，畢業在即，人心惶恐，不知前面道路如何。你知人曉事，任君點將，草莽英雄，逢週五早上七時半，齊集新校長室，猶在膝下，諄諄聽誨，追讀「約翰福音」及「哥林多前書」。聖言教導，點到即止，開啟了我們慕道心志，更矢志一生奉獻為上帝所用，作個榮神益人的好榜樣。**我受感動的是：踐行於信，轉化學生，叫我們不再一樣。**

「教師」：中一至中三聖經課本，你全新撰寫及設計，英文流暢，清新脫俗，取之有道，因而常常背誦，以提升自己學習英文的興趣。中六那年，你用英文教授「美國史」，娓娓動聽，可看出腹中有墨、樂觀及有幽默感。記得你鼓勵我們用有趣味的記憶法，去串讀地名及人名，例如：Philadelphia 變成「肥呀鬥肥呀！」緊張的學習變成哄堂大笑。想不到，上大專時，我真的選上歷史科；畢業後，在一間中學教了兩年歷史，得益不少。**我受感動的是：遇著恩師在眼前，誘發獨立判斷能力。**

「伯樂」：中五的一次早會，你宣佈我與另一男生擔任是年度風紀領袖生（Head-prefects），因事前未被知會，突然的消息使我十分顫抖。我何德何能，竟然被選上承擔這一職責。我選擇即時約見你，並且聲淚俱下，望你收回御旨；可惜，你三言兩語，就讓我有處變不驚的能力，

嘗試挑擔這名分下的任務。回望過去，非常珍貴；就是這角色，我學會僕人領導，柔中帶剛，剛中帶柔，與團隊合作，道義之交，肝膽相照，恩威並施。二〇〇八年，我著作了一本書，你電郵給我很大的鼓勵：「驚歎妳的寫作及研究能力，令我這個妳的校長感到非常光榮。我相信妳這本書對華人教會有肯定的幫助……」校長，多謝你的鼓勵。

我受感動的是：總給別人機會來成長，已是一流人物。

麥張偉芬

二〇一三年十月

參考書目

Aland, Kurt. *Did the Early Church Baptize Infants?* Translated by G. Beasley-Murray. Eugene, OR: Wipf and Stock, 1961.

Barth, Karl. *The Teaching of the Church Regarding Baptism.* Translated by Ernest A. Payne. London: SCM, 1948.

Conklin, Robert H. *Text Book on Baptism: Infant Baptism Vindicated; And Different Modes of Equal Validity.* Springfield: John M. Wood, 1847.

Dieffenbacher, Arthur J. *Infant Baptism: What Saith the Scriptures?* Philadelphia, PA: Bible Presbyterian Synod, 1943.

Dunkle, William F. and Joseph D. Quillian, eds. *Companion to the Book of Worship.* Nashville, TN: Abingdon, 1970.

Hamer, Jerome. *Sacred Congregation for the Doctrine of the Faith: Instruction on Infant Baptism.* Reprint, Hong Kong: Catholic Truth Society of Hong Kong, 1980.

Howell, R. B. C. *The Evils of Infant Baptism.* New York: M. W. Dodd, 1855.

Jeremias, Joachim. *Infant Baptism in the First Four Centuries.*

Translated by David Cairns. London: SCM, 1960.

______. *The Origins of Infant Baptism: A Further Study in Reply to Kurt Aland.* Translated by Dorothea M. Barton. London: SCM, 1963.

Pisani, Osvaldo. *Instruction on Infant Baptism.* Reprint, Hong Kong: Catholic Truth Society of Hong Kong, 1980.

Schaff, Philip. *History of the Christian Church.* Vol. 1 and Vol. 3. Grand Rapids, MI: Wm. B. Eerdmans, 1980.

Marston, George W.：《聖經的洗禮觀》。李玉珍譯。香港：基督教改革主義信仰翻譯社，1960。

《中華基督教會香港區會聖職人員及聖禮公儀》。香港：中華基督教會香港區會，2011 年 6 月。

《中華基督教會香港區會禮儀手冊》。香港：中華基督教會香港區會神學牧職部，2011 年 12 月。

貝利端納：《聖禮的神學》。謝秉德譯。香港：道聲，1968。

呂安昭：《嬰孩洗禮——蒙福的開端》。楊少峰譯。香港：道聲，1990。

財團法人台灣福音書房編輯部編：《二千年教會歷史巡禮》。台北：台灣福音書房，2003。

華爾克：《基督教會史專名詞對照表》。香港：基督教文藝，1986。

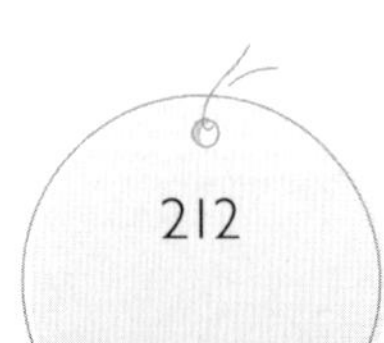

參考書目

湯清編譯：《歷代基督教信條》。香港：基督教文藝，2008。

戴萊．雅各：《論聖洗》。王翰章、李少蘭譯。香港：信義宗聯合出版部，1952。

羅伯．聶夫：《聖洗：生命的水》。顏路裔譯。香港：道聲，1984。

緊扣時代 服事教會

以文字傳揚基督真道

讀者意見表

衷心多謝你購買本社書籍。本社一直致力以出版事工服事教會，幫助信徒扎根於神的話語，促進靈命增長。為使我們的出版更能滿足你的需要，請填寫下列各項資料，並寄回或傳真予本社。

所購書籍：＿＿＿＿＿＿＿＿

本書最吸引你的地方：

□作者 □適切性 □文筆 □設計 □實用性

□其他：＿＿＿＿＿＿＿＿

購買本書地點：

□基道書樓 □基督教書店 □非基督教書店

性別：□男 □女 職業：＿＿＿＿＿＿

信仰：□基督徒 □非基督徒

年齡：□ 16 歲或以下 □ 17～25 歲 □ 26～35 歲

□ 36～55 歲 □ 56 歲或以上

學歷：□中三或以下 □中五 □預科

□大學 □研究院

□我欲更多了解基道出版社的事工及考慮支持，請寄給我下列資料：

□機構簡介 □新書資料 □基道會員通訊

□《基道文字事工通訊》

姓名：＿＿＿＿＿＿＿＿ 電話：＿＿＿＿＿＿

地址：＿＿＿＿＿＿＿＿

＿＿＿＿＿＿＿＿

傳真：＿＿＿＿＿＿ 電子郵件：＿＿＿＿＿＿

其他意見：＿＿＿＿＿＿＿＿

＿＿＿＿＿＿＿＿

多謝賜教！

意見表可以傳真（2687-0281）或直接郵寄以下地址：
香港沙田火炭坳背灣街26號富騰工業中心1011室
基道出版社編輯部收